北大滴水湖大讲堂系列

讲给年轻人的
北大人文课

第一辑

王博　吴晓华　主编

图书在版编目（CIP）数据

讲给年轻人的北大人文课. 第一辑 / 王博，吴晓华主编. —— 北京：北京大学出版社，2024.7.——（北大滴水湖大讲堂系列）. —— ISBN 978-7-301-35153-6

Ⅰ. C49

中国国家版本馆 CIP 数据核字第2024B06U33号

书　　　　名	讲给年轻人的北大人文课（第一辑） JIANGGEI NIANQINGREN DE BEIDA RENWENKE（DI-YI JI）
著作责任者	王　博　吴晓华　主编
策　　　划	姚成龙　王　宇
责任编辑	桂　春　李　晨
标准书号	ISBN 978-7-301-35153-6
出版发行	北京大学出版社
地　　　址	北京市海淀区成府路205号　100871
网　　　址	http://www.pup.cn　　新浪微博：@北京大学出版社
电子邮箱	编辑部 zyjy@pup.cn　　总编室 zpup@pup.cn
电　　　话	邮购部 010-62752015　发行部 010-62750672　编辑部 010-62704142
印　刷　者	天津裕同印刷有限公司
经　销　者	新华书店
	720毫米×1020毫米　16开本　17.25印张　257千字 2024年7月第1版　2024年7月第1次印刷
定　　　价	98.00元（精装）

未经许可，不得以任何方式复制或抄袭本书之部分或全部内容。
版权所有，侵权必究
举报电话：010-62752024　电子邮箱：fd@pup.cn
图书如有印装质量问题，请与出版部联系，电话：010-62756370

北大滴水湖大讲堂系列
编 委 会

编委会主任： 王 博　吴晓华

编委会委员： 初晓波　汲传波　蒋 静　李文胜
（按姓氏拼音排序）
马建钧　孙 晔　奚志忠　夏红卫
向 勇　姚卫浩　郑如青

第一辑编写人员

主　　编： 王 博　吴晓华

执行主编： 蒋 静　姚卫浩

副 主 编： 金玮琦　李 净　谭荣友　王 宇
姚成龙　张炜炜

参编人员： 陈慧莹　程正嵩　丁 莎　董 厉
（按姓氏拼音排序）
李 晨　李 能　刘 浏　马凯波
宁艺强　浦泉耀　杨浩昊　张 楠
张 颖　朱伟慧

序 言

文化是一个国家、一个民族的灵魂。党的二十大报告指出："中国式现代化是物质文明和精神文明相协调的现代化。物质富足、精神富有是社会主义现代化的根本要求。"中国（上海）自由贸易试验区临港新片区挂牌成立五年来，加快打造更具国际市场影响力和竞争力的特殊经济功能区，建设产城融合、开放创新、宜业宜居的现代化新城，累计形成103项突破性制度创新案例，签约500余个前沿产业项目，年均主要经济指标增速保持在30%左右。如今，其已成为上海全市经济的增长极和发动机。生长、生活在东海之滨、滴水湖畔的人们相信，产业可以让城市强大，文化可以使城市高大，当产业和文化协同发展，一定能见证一座城市的伟大！

2023年8月，未名湖和滴水湖交相辉映，一所令人向往的大学和一座充满活力的年轻城市碰撞出思想的火花，北大滴水湖大讲堂正式开讲！一年来，5000余名观众在滴水湖畔感受北大名师的风采，近10万人次观看了线上直播讲座。我们希望北大滴水湖大讲堂的设立能够让生活在临港的人们接近智慧、拓宽眼界、提升品位，让更多人在临港"诗意地栖居"。

文化是和合共生、美美与共的。北京大学是我国高等教育的一面旗帜，这里人才辈出、人文荟萃。临港是一座"年轻的城，年轻人的城"。"青春"与"青年"是北京大学和临港共同的底色。当北京大学的人文之美遇见临港的生态之美、事业之美、青春之美，追寻智慧的人文之旅就此启航。

年轻，就要去寻找让人生更精彩的事；年轻，就要去遇见比自己更有趣的人。北大滴水湖大讲堂以"讲给年轻人的北大人文课"为定位，依托北京大学在人文、社科、经管等领域深厚的学术积淀和丰富的专家资源，努力打造"知世界、观文明"的讲堂、"有品位、有格调"的讲堂，更好地传播中国文化、引领时代风尚，为建设习近平文化思想最佳实践地助力。

滴水汇海，东海潮阔。今天的临港正进行着新的火热实践，演绎着新的生动生活，创造着新的发展奇迹。北大滴水湖大讲堂带来的具有创新活力、人文关怀、时代魅力的精神文化如同一股清泉，滋养着临港这片充满活力的土地。它不仅激发了临港年轻人对知识的渴望与追求，更让生活在这里的人有了更多的文化参与感、幸福感。

本书收录了10期北大滴水湖大讲堂的讲座内容。我们希望更多的人能够通过这本书了解北大滴水湖大讲堂，感受北京大学的学术氛围和人文精神，激发人们对知识的渴望和对未来的憧憬。

最后，感谢上海自贸区临港新片区管委会的倡议支持，感谢北京大学上海临港国际科技创新中心、北京大学科技开发部和社会科学部的联合发起，感谢北京大学出版社、北京大学校友会的深度参与，感谢临港新片区管委会党群工作部、上海港城开发（集团）有限公司的大力支持，还要感谢所有为北大滴水湖大讲堂付出辛勤努力和热情参与各项活动的人们。人文北大，问道临港。让我们共同在滴水湖畔聆听时代的人文回响。

本书编委会
2024年7月15日

目 录

第一讲　庄子思想与心灵世界 / 王博 ······ 1

第二讲　百年未有之大变局加速演进下中国未来发展的前景 / 林毅夫 ······ 23

第三讲　现代化本质与中国发展机会 / 燕继荣 ······ 45

第四讲　从印象派到抽象主义——论 19 世纪、20 世纪中西艺术交融的尝试与成就 / 董强 ······ 63

第五讲　石窟与中国文化 / 杭侃 ······ 99

第六讲　美学与美好生活 / 彭锋 ······ 129

第七讲　走近电影艺术 / 戴锦华 ······ 153

第八讲　天才达·芬奇面面观 / 丁宁 ······ 177

第九讲　注册制改革与依法兴市 / 郭雳 ······ 215

第十讲　从察举到科举——中国古代选官制进化一瞥 / 阎步克 ······ 243

第一讲

庄子思想与心灵世界

王博

嘉宾小传

王博,北京大学哲学系毕业,哲学博士,教授、教育部长江学者特聘教授。现任北京大学党委常委、副校长、教务长,第八届国务院学位委员会委员,国务院学位委员会第八届哲学学科评议组召集人,教育部高等学校哲学类专业教学指导委员会副主任,国际哲学团体联合会执委会委员。主要从事中国哲学研究,出版著作《老子思想的史官特色》《简帛思想文献论集》《易传通论》《庄子哲学》《中国儒学史·先秦卷》《入世与离尘:一块石头的游记》等。主持《儒藏》编纂工程、《中国解释学史》等重大项目。参著《中国儒学史》《中华文明史》,分获北京市第十二届哲学社会科学优秀成果特等奖和教育部第五届高等学校科学研究优秀成果奖(人文社会科学)二等奖。在《中国社会科学》《哲学研究》《中国哲学史》等刊物发表百余篇中英文学术论文。

赠言寄语

做自己，在一起，
在一起，做更好
的自己。 Zp

各位领导、各位嘉宾、各位校友，我特别开心今天有机会和各位分享我对中华优秀传统文化的理解。我本人是学哲学的，我深知人文学科对社会发展的重要性，同时我也深刻认识到了科技的力量。在我看来，这个世界是由科技与人文共同构筑起来的。我觉得滴水湖所呈现出的圆形仿佛象征着科技与人文的完美融合。北京大学是一所拥有悠久历史和深厚文化底蕴的学府，其一直以来都秉承着科技与人文并重的传统。未名湖不大，但北大的师生都说未名湖是一片海洋，我觉得这片海洋是科学和民主的海洋。在2023年6月2日召开的文化传承发展座谈会上，我提出了一个观点：科技一往无前，文化则要"瞻前顾后"。"未来已来"这个词很流行，但我们不要忘了"过去未去"。我认为科技与文化可以相互补充，共同推动社会的进步。梁漱溟的父亲曾问梁漱溟："这个世界会好吗？"梁漱溟回答："我相信世界是一天一天往好里去的。"我想我的回答和梁漱溟先生的回答是一样的，我认为科技与人文的结合可以让这个世界变得更好。

接下来，我就言归正传。我想和大家分享一下我对庄子思想的理解。孔子、孟子、老子与庄子被人们称为"孔孟老庄"，这几位都是对中国文化和思想产生深远影响的代表性人物。我很欣赏庄子，他也是我最重要的研究对象之一。在北大任教期间，我曾连续多年开设与庄子相关的课程，与年轻的学子们一同探讨这位伟大哲学家的思想。庄子凭借其对生命和世界的独特理解，为我们创造了一个崭新的精神世界和心灵世界。他所创造的心灵世界与儒家所构建的世界观共同构成了中国精神文化的内核。

如果有人让我用两个词来概括中国哲学和中国文化，我会选择"庙堂"与"山林"。我们可以将"庙堂"理解为朝廷，将"山林"理解为江湖。范仲淹的名句就将"江湖"与"庙堂"相提并论。

在深入探讨庄子的思想之前，我们有必要先了解庄子是一个怎样的人。不久前，我在无锡参观了钱锺书先生的故居。钱锺书先生创作的《围城》被很多读者追捧，他所创作的《管锥编》和《谈艺录》在学术界也享有极高的声誉。曾有一位读者希望能够与钱锺书先生见面，钱锺书先生则以幽默的口吻婉拒了那位读者的请求。他说："假如你吃了个鸡蛋，觉得不错，何必要认识那下蛋的母鸡呢？"这当然是钱锺书先生的幽默调侃。我们明白，一只母鸡下蛋与一个有灵魂的人创作一部作品有着本质上的区别，因为作者的创作是有意识的，作者创作出的作品是能够体现作者的人文关怀的。正如孟子所言："颂其诗，读其书，不知其人，可乎？"我们如果想更好地了解一个人的精神世界，研究一个人的著作，就要先去了解这个人。

一、独特的生命与独特的心灵

庄子很特别，他与我们所熟悉的那些哲学家有着很大的区别，因此，我想用"独特"这个词来形容他。与大多数中国古代哲学家不同，庄子的一生与政治的联系并不紧密。我们知道，孔子、老子、孟子等人的一生与政治紧密相连，因为他们关心这个世界，并渴望融入这个世界，进而去改变这个世界。然而，庄子却是一个例外。

庄子博学多才，司马迁曾称赞他"于学无所不窥"。当我们翻阅庄子的著作时，不禁会被他的思想所震撼。庄子并没有像其他哲学家那样走上仕途。绝大部分哲学家选择的人生道路是"学而优则仕"，但庄子选择的人生道路是"学而优不仕"。这是为什么呢？庄子在《养生主》

中提到:"泽雉十步一啄,百步一饮,不蕲畜乎樊中。神虽王,不善也。"什么叫"泽雉"?我觉得"泽雉"就像是在湖畔自由飞翔的鸟儿。它们没有现成的食物可享用,所以需要自己去寻找食物。它们每走十步啄食一次,每走百步饮一次水,即使这样,它们也不愿被囚禁在樊笼中。虽然樊笼中的生活是比较安逸的,但它们不愿那样生活。

实际上,《史记》中的不少文章都提到了庄子。《史记·老子韩非列传》中写道:"楚威王闻庄周贤,使使厚币迎之,许以为相。"楚威王听闻庄子非常有能力,便派使者带着贵重的礼物去聘请他,并请他担任楚国的宰相。然而,庄子却笑着对楚国的使者说:"千金,重利;卿相,尊位也。"接下来,他说:"子独不见郊祭之牺牛乎?养食之数岁,衣以文绣,以入太庙;当是之时,虽欲为孤豚,岂可得乎?子亟去,无污我。"庄子对用作祭祀的牛有着独到的见解。在古代,祭祀是一项重要的活动,而牛往往是最珍贵的祭品。人们会在挑选牛的时候注意它们的颜色和形体,那些被选中的牛平时也会被悉心照料。然而,到了祭祀的时候,它们会被牵到太庙,作为牺牲品被屠宰。一旦到了这个地步,它们便无法摆脱被屠宰的命运。因此,庄子说:"我宁游戏污渎之中自快,无为有国者所羁,终身不仕,以快吾志焉。"

他的选择也意味着他的生活可能是比较贫困的。《外物》中写道:"庄周家贫,故往贷粟于监河侯。"我们知道,《庄子》一书中有很多寓言,我们虽然不能把书中的故事完全当作史实,但可以通过书中的部分记载大致了解庄子真实的生活状态。《列御寇》中提到庄子"槁项黄馘"。"槁项黄馘"是什么意思呢?"槁项"就是指脖子枯槁,"黄馘"就是指面如菜色。这显然是营养不良的表现。我们可以从这些描述中窥见庄子生活的困顿,然而,这却并不影响他精神世界的丰富与独特,他对许多事物的看法都与常人不同。

我们可以通过一个例子了解庄子的独特思想。《列御寇》中提到:"庄子将死,弟子欲厚葬之。"庄子即将去世的时候,他的弟子们出于敬爱之情,打算厚葬庄子。然而,庄子却说:"吾以天地为棺椁,以日月为连璧，星辰为珠玑，万物为赍送。吾葬具岂不备邪？"我们可以看看庄子对死亡的独特理解。庄子说弟子们可以直接把自己放到一个空旷的地方，天地万物全部都是他的陪葬品。弟子们听后说："吾恐乌鸢之食夫子也。"弟子们担心庄子的尸体可能被乌鸦等动物吃掉。庄子却淡然回应："在上为乌鸢食，在下为蝼蚁食，夺彼与此，何其偏也。"庄子的意思是：自己不是被乌鸦吃掉，就是被蝼蚁吃掉，既然自己无论如何都会被吃掉，为什么还要厚此薄彼呢？我们可以通过这个例子看到庄子旷达的人生态度。

回顾历史，有一批古人自觉地选择与世隔绝，这批人被称为隐士。他们的选择各有不同。有的隐士选择"形隐"，即将自己的身体隐匿于山林之间，与世隔绝，伯夷和叔齐隐居于首阳山就属于"形隐"。他们远离尘世的喧嚣，过着一种避世的生活。然而，庄子则与众不同，他选择以"心隐"的方式与世隔绝。庄子即使身处尘世之中，与人群为伍，也依然具有一种与众不同的气质。这种气质源于他独特的心灵。

在中国文化中，中国人所追求的是"道"，"道"在我们的心中。心灵是什么？心灵是道场。道场是什么？它是"道"的展开之所。因此，心灵的修炼程度决定了一个人生命的高度，也决定了一个人如何理解世界。哲学家们最为关注的就是心灵之事。"哲"字的上面是"折"、下面是"口"，但我认为"悊"这种写法更能体现哲学的本质，因为"悊"字的下面是"心"。哲学家们用自己的心灵去感受生命和世界的独特之处，从而创造出多元的精神世界。

我常常将哲学家比作设计师，但他们绝非普通的设计师。他们设计的是人们生命的蓝图，塑造的是我们所处的世界。我们在读庄子的作品时可以关注一下他独特的语言风格。一部作品的语言如果中规中矩，就很难给人留下深刻的印象，但庄子的语言是非常有吸引力的，因为他的语言太独特了。初入北大时，我口吃的问题很严重；然而，本科毕业之后，我口吃的问题基本上消失了。有同学好奇地问我口吃是怎么治好的，我告诉他们，是学习哲学、阅读《庄子》治好了我的口吃。

"有始也者，有未始有始也者，有未始有夫未始有始也者。"这是《齐物论》中的一句话。这样的表述在《庄子》中并不罕见，但我们在其他人的作品中却很难发现这样的语言风格。为何庄子的语言风格如此独特呢？其实答案很简单，这源于他与众不同的心灵和独特的思考方式。正是这样的心灵和思考方式促使他用独特的语言来展现自己独特的灵魂。读《庄子》的时候，我们仿佛进入了一个寓言的世界，在这个世界里，处处都是故事。这些故事实际上是我们与庄子对话的桥梁。在阅读的过程中，这些故事会不断激发我们去思考。换句话说，庄子给予我们的并不是某种固定的结论，而是一个与他对话的机会。通过与他对话，我们能够跟随他一同进行深入的思考。在简要介绍了庄子独特的表达方式后，我们接下来要探讨的是庄子的主要思想。

二、变化无常

我们可以用"变化无常"这四个字来概括庄子的思想。变化是我们在生活中经常会谈到的话题。整个世界都是在不断变化的，无论是社会的变化，还是我们每个人经历的各种变化，都充分展现了变化的普遍性。

变化是不是有规律的呢？我们知道，事物的发展确实遵循着一定的规律，这也是众多哲学家所深信的；然而，庄子的观点有所不同。他既强调变化的存在，又强调变化的无常。《天下》开篇便提到"芴漠无形，变化无常"，这正是对庄子思想的精妙概括。

在庄子的哲学世界中，"无常"指的就是不确定性。我们常说某个人或某件事不靠谱，庄子则认为我们所在的世界是不靠谱的，并且他认为这个世界是没有"根"的。我们通常认为，一个事物只要有"根"，我们就可以从"根"出发，逐步探寻其发展脉络；但是，如果一个事物没有"根"，我们就无法找到起点。如果这个世界没有"根"，我们又如何能理清这个世界的脉络呢？

我们中国人有着很强的家族观念，很多家庭都保留着家谱，这些家谱记录着家族的历史。有时，人们即使迁徙到其他地方生活，也依然保留着对家族的认同感。我曾在无锡的惠山古镇看到过很多的祠堂，它们是人们寻找根源、探寻自己从何而来的重要载体。然而，庄子对世界的理解却与我们的传统观念有所不同。他提出："有始也者，有未始有始也者，有未始有夫未始有始也者。"在庄子的哲学世界中，世界并没有一个明确的开始。他认为，一旦人们提出了"开始"这个概念，"开始"这个概念就会被消解掉、粉碎掉。他认为这个世界是一个无始无终的世界，也就是一个没有"根"的世界。

庄子以一种独特的视角来看待这个世界。这个世界是一个什么样的世界呢？这是一个变化无常的世界。如果我们用《秋水》中的一句话来形容，那就是"夫物，量无穷，时无止，分无常，终始无故"。这样的观念可能会让很多人感到困惑并难以接受，因为我们往往认为自己有明确的出生日期，并且会在未来的某一天离开这个世界。

在《知北游》中，庄子借舜与丞的对话阐释了自己对生命的看法。舜问丞："道可得而有乎？"舜想知道人们能否拥有至高无上的智慧。丞回答说："汝身非汝有也，汝何得有夫道？"丞认为，如果我们的身体都不属于自己，我们又怎么会拥有"道"呢？舜进一步追问："吾身非吾有也，孰有之哉？"舜想知道，如果自己的身体不属于自己，那它属于谁。丞回答："是天地之委形也；生非汝有，是天地之委和也；性命非汝有，是天地之委顺也；孙子非汝有，是天地之委蜕也。"这句话的意思是，我们的身体、生命和子孙并不属于我们。那身体、生命和子孙的所有者是谁？是天地。这一表述揭示了生命与宇宙之间的关系。庄子认为，我们与天地万物是融为一体的，我们的生命都是宇宙"大化流行"的一部分。理解这一点对我们把握庄子的思想具有重要意义。

生与死是人类社会永恒的话题。我们该如何理解生与死呢？医学或许能为我们提供生理层面的解答。那么庄子是如何理解生与死的呢？庄子认为："人之生，气之聚也。聚则为生，散则为死。"我们或许会想：

气为什么会聚，又为什么会散呢？庄子告诉我们，气聚散无常。他认为人们的生命都是气的产物，生与死不过是某个过程的开始和结束。对于气而言，没有所谓的开始和结束。

"藏"这个字在庄子的哲学世界中具有十分重要的地位。在生活中，我们总是试图留住一些宝贵的东西，比如财富、美好的回忆，或者是我们的青春。我们如果将现在的自己与照片中十几年前的自己进行比较，或许会发现自己的头发变白了，皮肤失去光泽了，体力和精力也不如从前了。这时，我们自然会萌生出留住青春和美好时光的想法。可是我们留得住它们吗？在《大宗师》这篇文章中，庄子通过一个生动的比喻表达了自己的观点。庄子说："夫藏舟于壑，藏山于泽，谓之固矣。然而夜半有力者负之而走，昧者不知也。"庄子说，将船藏于深壑之中、将山藏于湖泽之中看似是很安全、很可靠的，但"有力者"会在夜晚把船和山背走。实际上，那"有力者"指的就是无穷的变化。

《诗经》中提到："高岸为谷，深谷为陵。"这句话就体现了"大化流行"的哲学思想。我们知道，青藏高原曾经是一片海洋，而在遥远的过去，某些海洋可能也是巍峨的高山。是什么改变了它们的模样？是造化之力，是"大化流行"。在庄子看来，面对这种无法抗拒的变化，人们不需要刻意留住那些自己终究无法留住的东西。"藏天下于天下而不得所遁，是恒物之大情也"，"藏天下于天下"实际上意味着顺应自然的变化。

《秋水》中提到："昔者尧、舜让而帝，之、哙让而绝；汤、武争而王，白公争而灭。"尧舜禅让的故事被后世广为传颂，但并非所有的禅让都能带来好的结果；在战国时期，燕王哙将王位让给子之，却导致了燕国的内乱。商汤和武王都通过战争获得了天下，而白公胜却因为争夺王位而自取灭亡。庄子得出的结论是："由此观之，争让之礼，尧、桀之行，贵贱有时，未可以为常也。"面对这样一个变化无常的世界，我们能不能把握住一些东西呢？换句话说，如果世界如此变化无常，我们应该怎么去面对它呢？

庄子曾言："古之所谓得志者，非轩冕之谓也，谓其无以益其乐而已矣。今之所谓得志者，轩冕之谓也。轩冕在身，非性命也，物之傥来，寄者也。寄之，其来不可圉，其去不可止。""轩冕"象征着世间的名利和地位。在这样一个充满变化的世界中，我们能否找到某种可以把握、可以捕捉的东西呢？庄子告诉我们，心灵深处的快乐是我们可以把握的。庄子所说的快乐与我们通常所理解的快乐并不相同。庄子以"至乐无乐"四个字来阐释他对快乐的看法。在庄子看来，真正的快乐表现为在世界变化无常的情况下保持内心的宁静。

变化意味着什么呢？变化意味着任何界限都是相对的。庄子特别强调了"通"的重要性，他认为人们应当打破各种固有的界限。在当今社会，我们能看到这种"通"的理念在各个领域都有所体现。在大学教育中，我们很注重学科的交叉与融合，也很注重通识教育。界限本身是有其存在的意义的，庄子喜欢用"封"这个字来表示界限。庄子提出的"恢诡谲怪，道通为一"就是对"通"的概括。他认为，尽管从表象上看万物的形态有着很大的差别，但它们是可以相互转化的。也就是说，今天的我或许能变成明天的你，也可以变为后天的他。

当我们翻开《庄子》这本书的时候，首先映入眼帘的便是《逍遥游》。《逍遥游》的开篇是："北冥有鱼，其名为鲲。鲲之大，不知其几千里也。化而为鸟，其名为鹏。鹏之背，不知其几千里也。"如果连如此巨大的鱼都能化身为鸟，那么在这个世界上，还有什么变化是不可能发生的呢？一切皆有可能，这就是庄子对世界的理解。

大家应该都知道"庄周梦蝶"这个故事。《齐物论》中提到："昔者庄周梦为胡蝶，栩栩然胡蝶也，自喻适志与，不知周也。俄然觉，则蘧蘧然周也。"庄子曾在做梦的时候梦见自己成为一只自由自在的蝴蝶，并觉得非常自得，他不知道自己是谁，以为自己就是一只蝴蝶。当他醒来的时候，他突然意识到刚才自己只是做了一个梦，自己并不是蝴蝶。其实我们经常会做各种各样的梦，有的梦可能很特别、很古怪。重要的是后面的那句话。庄子说:"不知周之梦为胡蝶与,胡蝶之梦为周与?"庄子提出了一个很独特的问题,他说他不知道是庄子梦见自己变成了蝴蝶,还是蝴蝶梦见自己变成了庄子。我们可能都看过《盗梦空间》这部电影。在《盗梦空间》中,主角有不同的梦境,梦中有梦,大梦套着小梦,有点像俄罗斯套娃。哪个梦境是真实的?"庄子梦为蝴蝶"和"蝴蝶梦为庄子"可能都是真实的,也可能都不是真实的。因此,这里所说的"不真实"并非指它们从未存在过,而是强调它们的存在是相对的。在变化无穷的世界中,它们的存在也许完全是不值一提的。

三、安之若命

庄子用大量的文字阐述了世界变化无常的道理。那么,面对这样一个无常的世界,我们该如何应对呢?庄子给出的回答是"安之若命"。在阅读《庄子》时,我们会发现庄子的哲学思想具有一种深沉的命运感。其实,99%的中国哲学家都有命运感,但他们对命运的理解可能并不相同。

《大宗师》曾提到:"死生,命也,其有夜旦之常,天也。人之有所不得与,皆物之情也。""人之有所不得与"是指人在死亡面前是无能为力的。有些事情是无论我们怎样努力都无法改变的,我们自己和我们身边的人总有一天会永远离开这个世界。庄子所说的"物之情也"是指这就是真实的世界。面对这样的世界,庄子认为我们应有"知其不可奈何而安之若命"的态度。也就是说,我们如果意识到有些事情是无法被改变的,就应该学会接受命运。庄子的作品中经常出现两个词,一个是"无奈",另一个是"不得已"。这两个词体现的是"被"的处境。

从出生的那一刻起,我们就被很多东西限制着。我常常想,我们的出生其实应当被表达为"被出生",因为我们降临到这个世界上并不是由我们自己决定的。"哀乐之来,吾不能御,其去弗能止"和"其来不可圉,其去不可止"是让我印象深刻的两句话。"圉"的意思是阻止,"止"

的意思是停下来。我认为这两句话都强调了人的"无能"。

庄子曾说:"夫知遇而不知所不遇,知能能而不能所不能。无知无能者,固人之所不免也。"我们通常只知道我们能做什么,但不知道自己做不了什么。《养生主》中写道:"吾生也有涯,而知也无涯。以有涯随无涯,殆已。"庄子也曾说:"朝菌不知晦朔,蟪蛄不知春秋。"我们知道有的虫子的生命是很短暂的,如果它的生命只维持在早晨的一小段时间,那它根本不知道什么是月亮,它也不知道月亮的明暗变化。宇宙是浩瀚无垠的,我们人类有信心去探索宇宙。但是我们人类真的具备足够的能力去探索宇宙吗?我们有能力将生命了解透彻吗?

《齐物论》中写道:"方其梦也,不知其梦也。梦之中又占其梦焉,觉而后知其梦也。且有大觉而后知此其大梦也,而愚者自以为觉,窃窃然知之。"庄子认为,只有我们醒来之后才知道自己做了一场梦,但是我们在梦中的时候永远不知道自己在做梦。

有时候,我们对自己的行为抱有极高的期望,希望自己的每一丝善意都能为世界带来积极的影响。然而,在了解了庄子的哲学思考后,我们却找不到这样的自信。我们不得不重新审视我们的行为是否真的能够带来正面的结果。《应帝王》提到了一个有关南海之帝倏、北海之帝忽与中央之帝浑沌的故事。浑沌热情地接待了来自四面八方的客人,倏与忽对浑沌的善意表示感激,并决定用自己的方式感谢浑沌。他们观察到浑沌没有七窍,便决定为其凿七窍;然而,这个看似充满善意的举动却导致了浑沌的死亡。这个寓言不禁让我们思考:我们的善意能为世界带来我们所预期的积极影响吗?

《达生》中提到了一个故事。一只海鸟从无边无际的大海飞到了鲁国的都城,这在当时被视为一种吉祥的征兆。鲁国的君主非常高兴,为这只海鸟准备了丰盛的食物,还为它演奏了优美的音乐,以款待这只来自远方的海鸟。这只海鸟的结局如何呢?"鸟乃始忧悲眩视,不敢饮食。"最终,这只海鸟死去了。庄子认为,当我们想要表达善意时,应该思考我们表达善意的方式是否真正适合对方。庄子提到了两种不同的养鸟方式,一种是"以己养养鸟",另一种是"以鸟养养鸟"。"以己养养鸟"是指按照自己所认为的正确的方式去对待对方,而"以鸟养养鸟"则是指站在对方的角度去对待对方。我们中国人深受儒家思想的影响,将爱作为对待他人的基本态度。无论是父子之爱、兄弟之爱还是朋友之爱,我们都习惯于用自己的方式去表达对对方的爱。

在日常生活中,我们会发现尽管我们出于善意去关爱他人,但结果有时却不尽如人意。人们常常说"我爱死你了",但过度的爱有时会让人感到窒息。在我刚刚提到的故事中,人们对待那只海鸟的方式就是这样的。为什么会出现这种现象呢?我认为,这是因为人们往往以"以己养养鸟"的方式去对待他人。庄子却提出了另一种方式——"以鸟养养鸟",即按照对方真正需要的方式来对待对方。这种方式强调的是精神上的理解和尊重。如果我们只是基于自己的理解去对待他人,那么这种所谓的"养"其实是对他人的不尊重。我们应当尊重他人的独立性,理解他人的需求和感受。

四、物物而不物于物

庄子认为,人们不应当被事物主宰,而是要将自己的心灵从变化的世界中抽离出来,不被事物所淹没。用庄子的话来说,就是"物物而不物于物"。"物于物"是什么意思呢?"物于物"就是指人们成为物的奴隶,被物奴役或被物左右。"物物"与"物于物"相反,它是指人们不被物控制。在读《齐物论》的时候,我常常感叹于庄子对人心的敏锐洞察和对人与世界之间复杂关系的独到见解。庄子对那种被外物所控制的人生状态进行了生动的描绘:"其寐也魂交,其觉也形开。与接为构,日以心斗。"成语"钩心斗角"便源于此句。庄子进一步描述了这种状态下人们情绪的变化:"缦者、窖者、密者。小恐惴惴,大恐缦缦……一受其成形,不亡以待尽。与物相刃相靡,其行尽如驰,而莫之能止,不亦悲乎！终身役役而不见其成功，苶然疲役而不知其所归，可不哀邪！"庄子对此深感悲哀，他感叹人们在算计中度过了一生，疲惫不堪却不知归向何处。一个"悲"字和一个"哀"字体现了庄子对人们生存状态的反思。庄子进一步指出："人谓之不死，奚益！其形化，其心与之然，可不谓大哀乎？人之生也，固若是芒乎？其我独芒，而人亦有不芒者乎？"当人们的形体随着外物的变化而变化，内心也随之波动时，这难道不是一种大的悲哀吗？在这句话中，"芒"的意思是糊涂、愚昧。他认为，如果一个人的一生始终处于这种混沌、愚昧的状态，被外物所控制，那么他的心灵就不是独立、自由的。《逍遥游》中有这样一句话："子独不见狸狌乎？卑身而伏，以候敖者；东西跳梁，不辟高下；中于机辟，死于罔罟。"狸狌是一种非常机灵的动物，但它无论如何算计，也总会在某些时候露出破绽。

在庄子看来，人们之所以陷入困境，是因为心灵被追求外物的欲望束缚住了。这些欲望就像一个个结，将人们的心灵紧紧困住。如果这些心灵上的结不断累积，人们的内心就会变得沉重。针对这些结，庄子提出了"解"的概念。他认为，人们需要逐一解开这些心灵上的结，让内心不再被束缚；想要解开这些结，就要从根本上理顺心与物的关系，当人们能够认清并摆脱那些束缚自己的东西时，心灵便能获得真正的解放。

我特别喜欢《秋水》中河伯和海神的那段对话。秋天的时候，百川都汇聚到了黄河，此时河伯是很得意的。可是，当他顺着河到了东海之后，被无边无际的大海震惊了，他便开始望洋兴叹。后来，海神就跟河伯讲了一段话，他认为河伯被很多东西困住了。井底之蛙不知道大海，生活在夏天的虫子不知道这个世界上有冰，被某些观念束缚的人无法懂得世间的一些道理。庄子认为，只要我们的心灵是宽广的，事物所带来的困扰与束缚就会自然消解，因此，我们不必笨手笨脚地去解开每一个物给我们的心灵打上的结。

庄子曾提出"坐忘"这个概念。"坐忘"强调的是忘却，想要解开那些束缚我们的结，关键在于忘却那些应当忘却的事物。具体来说，"坐忘"

要求我们"离形去知，同于大通"。这意味着我们要摆脱"天下之美尽在己"的心态。只有忘却了这些，我们才能真正领略到无边无际的大海。同时，我们也要拒绝功名利禄的诱惑，如果我们能够将束缚心灵的外物一一忘却，我们的内心就能回归到虚静的状态。如果我们能够达到这种状态，我们的心灵就不会被任何外在的物占据。庄子用"虚室"一词来描述这样的心境。"人莫鉴于流水，而鉴于止水，唯止能止众止"就体现了庄子的这一观点。

庄子强调，人们如果想拥有一个不被外物牵绊的灵魂，就需要通过"坐忘"等方式解开心灵上的结。这些结一旦被解开，心灵就会变得虚静。如果我们能够达到这样的境界，外界的变化无常便不会再给我们的内心带来困扰。以生死为例，庄子认为生死不过是自然规律的一部分，这是宇宙早已安排好的。面对生死，我们唯一能做的就是顺应自然。在庄子看来，过度的悲伤或欢乐都是无意义的，因为它们无法改变既定的事实。

各位可能都知道"庄子妻死，鼓盆而歌"的故事。庄子的妻子死了，庄子鼓盆而歌。庄子的朋友惠子觉得庄子这样做不合适。庄子不哭也就罢了，为什么还要鼓盆而歌呢？庄子认为生死乃气聚气散。面对无可奈何的事情，人们只能安之若命。由此可见，庄子对情感、欲望、人和人之间的关系、人和世界之间的关系都有与常人不同的理解。

五、儒道互补

我们中国人的精神世界往往受到儒家思想的深刻影响，那是一个充满温情的世界；然而，庄子带我们进入了另一个截然不同的世界。那是一个清冷的世界，一个强调人与人之间、人与世界之间保持适当距离的世界。庄子曾留下这样一句名言："相呴以湿，相濡以沫，不若相忘于江湖。"如果我们将儒家比作充满生机与希望的春天，那么庄子呈现给我们的世界则更像是沉静而深邃的秋天，而墨家和法家可以分别被比作夏天和冬天。

秋天是一个收获的季节。在秋天，我们既能感受到丰收的喜悦，也能感受到落叶的萧瑟，所以秋天是一个矛盾的季节，庄子呈现给我们的世界也存在着这样一种矛盾。

在谈及中国文化时，我们不难发现，它是由众多不同的思想共同支撑起来的，庄子的哲学思想便是其中的一部分。我们能在陶渊明、李白和苏东坡等著名诗人的作品中看到庄子的影子。读陶渊明的"纵浪大化中，不喜亦不惧""应尽便须尽，无复独多虑"，我们能感受到那种在变化无常的世界中保持内心宁静的"安时而处顺"的境界。李白的"花间一壶酒，独酌无相亲""举杯邀明月，对影成三人""月既不解饮，影徒随我身"则传递出一种清冷、超脱的意境，让我们置身于庄子笔下的那个清冷的世界中。读苏东坡的"也无风雨也无晴"，我们感受到了在纷繁复杂的世界中保持定力、维持内心宁静的智慧。

郭象因注释《庄子》而闻名，他的解读不仅继承了庄子的精神内核，更在一定程度上改变了我们对《庄子》的理解。郭象曾说："虽复贪婪之人，进躁之士，暂而揽其余芳，味其溢流，仿佛其音影，犹足旷然有忘形自得之怀，况探其远情而玩永年者乎！……遂绵邈清遐，去离尘埃而返冥极者也。"的确，在品味庄子的文字时，那些贪婪、急躁之人也能嗅到其散发的清香。在我看来，《庄子》就像是夏日里的一杯冰镇可乐，给人带来清凉。

我常常告诫自己，既要对生活充满热情，也要保持头脑的冷静。如果我们的心是"热"的，大脑也是"热"的，我们就会失去理智，陷入混乱的境地。清代学者吴世尚对庄子的评价尤为精妙，他用十六个字来概括庄子的思想——"高处着眼，大处起议，空处落笔，澹处措想"。这句话最终落到"澹处"二字上。我们如果真的领悟了庄子的心灵哲学，便能理解他所追求的是一种淡泊的人生态度。李泽厚先生较早就提出"儒道互补"这一说法。李泽厚先生认为，中国文人的外表是儒家，但内心永远是庄子。

儒家更强调群体的重要性，注重人与人之间的关系。儒家所讨论的

"五伦"（父子、君臣、夫妇、兄弟和朋友）正是这一理念的体现。庄子则更关注个体，强调每个人具有独特的价值。他认为每个人都是独一无二的，所以每个人都应该活出自己的样子。在我看来，儒家强调的是"在一起"，而庄子则强调的是"做自己"。一个平衡的人生是由"做自己"与"在一起"共同构成的。我们如果只关注自我，而忽视了与他人的关系，就难以在这个社会中生存。我们需要融入社会，但这并不意味着我们要完全放弃自我。如果一个人为了迎合他人而完全失去了自我，这样的人生是令人遗憾的。在《秋水》中，庄子通过"鱼之乐"的故事进一步阐述了这个观点。这个故事实际上是在告诉我们，每个人都有自己的快乐，我们不能以自己的标准去衡量他人是否快乐。

我们知道，儒家更强调教化，它倡导人们遵循某种规矩或法则；而道家更强调自然，它倡导人们理解世界的多样性和差异性。如果我们将儒家的哲学思想视为一种"庙堂"中的哲学，那庄子的哲学思想是一种"山林"里的哲学。儒家和道家对生命也有不同的看法。儒家强调培养有用之才，注重个人对社会的贡献和价值；然而，在庄子看来，有用的生命往往会受到威胁和伤害。庄子说："山木自寇也，膏火自煎也。桂可食，故伐之；漆可用，故割之。人皆知有用之用，而莫知无用之用也。"这句话所提到的这些例子都揭示了有用之物所面临的困境。儒家强调善意的表达和实现，而庄子则强调给世界留白。他提出的无知、无能、无为、无奈等观念实际上是在强调人的有限性。庄子认为，我们需要给世界留下足够的空间，并尊重自然规律。

图1-1是宋代马远所绘的《寒江独钓图》。这幅画体现了一种简洁的美。在这幅画中，一叶扁舟漂浮在宽阔的江面上，舟上坐着一位悠然自得的垂钓者。扁舟与垂钓者在整个画面中仅占据了较小的空间，而其余部分则留有大片空白，给人以无限的遐想。

图1-1 宋代马远所绘的《寒江独钓图》

图1-2和图1-3是两幅庄子的画像。图1-2是清代孔莲卿所绘的《漆园吏像》，图1-3是明代的王圻、王思义所绘的《庄子像》。我觉得这幅清代的作品画出了庄子的"槁项黄馘"，画出了庄子的清冷之心。明代的这幅作品使庄子与历代圣贤的形象更为贴近，在这幅作品中，庄子的形象更为丰满。

图1-2 清代孔莲卿所绘的《漆园吏像》　　图1-3 明代王圻、王思义所绘的《庄子像》

以上就是我对庄子的介绍。庄子的确是一位非常特别的思想家。在中国文化中，儒家思想往往占据主导地位，塑造着我们的价值观和行为方式，但庄子的哲学思想是不应被我们忽视的。庄子的冷静与儒家的温暖都是我们所需要的。当我们感到疲惫时，庄子的思想让我们的精神得以喘息。他为我们提供了一种安顿生命、理解世界的方式，让我们走得更远。

谢谢大家。

2023 年 8 月 23 日

（根据讲座录音整理，已经本人审阅）

第二讲

百年未有之大变局加速演进下中国未来发展的前景

林毅夫

嘉宾小传

林毅夫，1982 年毕业于北京大学经济学系政治经济学专业，获经济学硕士学位。1986 年毕业于美国芝加哥大学经济系，获博士学位。1986—1987 年，任美国耶鲁大学经济增长中心博士后。1987—1993 年，任国务院农村发展研究中心发展研究所副所长、国务院发展研究中心农村部副部长，兼任北京大学经济系副教授。1993—1994 年，任北京大学经济系教授。1994—2008 年，任北京大学中国经济研究中心主任。2005—2012 年，任全国工商联副主席。2008—2012 年，任世界银行高级副行长、首席经济学家。2012 年至今，任北京大学国家发展研究院教授、名誉院长。2013—2022 年，任全国工商联专职副主席、中国民间商会副会长。2015 年至今，任北京大学新结构经济学研究院院长，南南合作与发展学院院长、教授。荣膺英国科学院外籍院士、发展中国家科学院院士，荣获美国、英国、加拿大、法国等地的 10 所大学的荣誉博士学位。主要研究领域为新结构经济学。代表作品有《战胜命运：跨越贫困陷阱，创造经济奇迹》《超越发展援助：在一个多极世界中重构发展合作新理念》《繁荣的求索：发展中经济如何崛起》《新结构经济学：反思经济发展与政策的理论框架》《从西潮到东风：我在世行四年对世界重大经济问题的思考和见解》《解读中国经济》《本体与常无：经济学方法论对话》等。

赠言寄语

不辜负时代，不辜负北大人的使命，忝献于民族的复兴。 林毅夫

各位领导、各位朋友,大家下午好!感谢大家来听我的讲座。

我们常说,做任何事情都需要具备天时、地利、人和这三个要素。当前,我国所面对的最大挑战便是党的二十大报告中提及的"世界百年未有之大变局加速演进"。因此,在今天的讲座中,我希望能与各位共同探讨这一变局出现的深层次原因,以及它为何会加速演进。同时,我们也需要思考如何有效应对这一变局。在这样的宏观经济背景下,中国未来的发展前景既与中华民族伟大复兴有关,也和各位的工作与生活息息相关。

"百年未有之大变局"这一论断是习近平总书记在2018年6月召开的中央外事工作会议上提出的,不同领域的学者从不同的角度对这一论断进行了解读。作为经济学家,我自然会从经济学的角度来解读这一论断。经济是社会发展的基础,这是我们理解"百年未有之大变局"的关键所在。当我们谈到"百年",不妨就从1900年说起。那一年,震惊中外的八国联军侵华战争爆发了。这八个国家分别是英国、美国、法国、德国、意大利、日本、俄国及奥匈帝国。如果某个国家或地区在某些方面影响了这些列强的自身利益,这些列强往往会选择以武力征服的方式侵略这些国家或地区。列强拥有强大的军事实力,因为它们有坚实的经济基础。按照购买力平价计算,这八个国家的经济总量占据当时全球经济总量的50.4%,发达的经济使它们拥有强大的军事力量。

在21世纪,八国集团引起了人们的关注。八国集团包括哪些国家呢?它们分别是美国、英国、德国、法国、意大利、日本、俄罗斯、加拿大。我们能够发现,其中的七个国家参与过八国联军侵华战争,只有奥匈帝国被加拿大取代。第一次世界大战结束后，奥匈帝国解体。奥匈帝国分裂为奥地利、匈牙利等国家。这些国家的经济规模缩小，影响力减弱，因此被加拿大取代。这八个国家为什么组成八国集团呢？因为这八个国家的经济总量在2000年占据全球经济总量的约47%。经济实力决定了这些国家在国际政治舞台上的重要性和影响力，因此，八国集团的领导人成为国际事务的主要决策者。总而言之，在这100年间，世界的经济格局是非常稳定的。世界格局的发展和变化在很大程度上都取决于这八个国家之间的关系。

我们可以回顾一下第一次世界大战是怎么爆发的。第一次世界大战之所以爆发，是因为由德国、奥匈帝国等国组成的同盟国与其他协约国在政治利益、经济利益等方面存在冲突。这些同盟国与协约国在当时都是强国，因此，它们之间的战争迅速演化为全球性的战争。第二次世界大战的爆发原因也与其类似。为什么习近平总书记在2018年提出了"百年未有之大变局"的论断呢？我们可以从世界经济格局的角度来分析。按照购买力平价计算，2000年至2018年，八国集团经济总量的占比从47%下降至34.7%，下降了12.3个百分点。1900年，参与八国联军侵华战争的八个国家的经济总量的占比为50.4%；2000年，八国集团经济总量的占比为47%。对比来看，这一数据下降了3.4个百分点。

八国集团的经济总量在全球经济总量中的比重不断下降，这八个国家的整体实力也有所减弱。这一趋势在2008年爆发的国际金融危机中表现得尤为明显。过去，如果某个国家或地区出现了金融危机，如亚洲金融危机、墨西哥金融危机或俄罗斯金融危机，八国集团通常会召开会议并提出解决方案，其他国家往往会根据相关决议来应对金融危机。然而，2008年的国际金融危机爆发后，由于八国集团的经济地位已有所下降，这八个国家认为无法依靠自身的力量应对这场危机。2008年11月，二十国集团领导人峰会在美国华盛顿召开。自那时起，主导世界政治格局和经济格局的最重要组织从八国集团转变为二十国集团。这一转变确实体现了当今世界正处于百年未有之大变局。

进入21世纪之后，为什么世界格局会发生那么大的变化？其实这与中国的崛起有很大的关系。世界格局发生变化后，哪个国家的失落感最强？自然是美国的失落感最强。美国的经济总量超过英国后，美国便成为世界第一大经济体。美国成为世界第一大经济体后，其国际影响力也逐渐增强了。

以第一次世界大战为例，德国、奥匈帝国等国是同盟国，英国、法国等国则是协约国。战争最初主要在欧洲爆发，德国和奥匈帝国的军队一度在欧洲战场上势如破竹。然而，它们最终为何战败了呢？因为美国介入了这场战争。起初，美国并未直接参战，但它在看到其盟友遭受重创后决定参战。美国为协约国提供了源源不断的物资支持。最终，德国和奥匈帝国败下阵来。因此，美国是决定第一次世界大战战局的最主要国家。

第二次世界大战与第一次世界大战有一定的相似之处。在第二次世界大战中，德国、意大利和日本等国是轴心国，美国、英国、法国等国则是同盟国。在战争初期，轴心国在欧洲战场上取得了显著的优势，甚至一度将同盟国逼至绝境。例如，在著名的敦刻尔克大撤退中，德军将同盟国的军队逼至敦刻尔克，30多万人紧急撤回英国。当时，英国首相丘吉尔面临巨大的压力，但美国的参战改变了战局，德国最终宣布投降。在太平洋战场，日军的初期表现是比较狂妄的。日军偷袭珍珠港使美国海军舰队遭受重创。然而，日本最终为何战败了呢？一方面，日军低估了中国军队的战斗力；另一方面，日本的战败与美国惊人的物资补充能力有很大的关系。中途岛战役是第二次世界大战的一个重要转折点。在此之前，日本在太平洋战场占据优势地位；然而，在中途岛战役爆发之后，战争的形势开始发生转变。其实日军和美军在中途岛战役中打了个平手，双方的损失都是相当大的，但美国能够迅速将新的军事装备投入战场中。这使得美军在后续的战争中持续保持优势地位，而日军则因为补充能力不足而逐渐陷入被动。最终，日军在战争中节节败退，日本于1945年宣布投降。

总而言之，20世纪是以美国为主导的世纪。然而，进入21世纪后，世界格局经历了前所未有的深刻变革。作为一个超级大国，美国的失落感尤为强烈。2014年,按照购买力平价计算,中国的GDP首次超过了美国。随着我国经济地位的不断提升,我国的国际影响力也日益增强。2008年,我有幸被任命为世界银行首席经济学家。我是世界银行的第九位首席经济学家。之前的八位经济学家都来自美国或欧洲的知名大学,他们在学术上有着极高的造诣。能够成为第一位来自中国的世界银行首席经济学家,我深感荣幸。这一机会的获得实际上得益于中国经济地位的迅速提升。

随着中国经济的崛起和中国国际影响力的增强,美国开始利用其在军事、科技等方面的优势压制中国的发展。在奥巴马执政时期,尽管美国在亚太地区(如菲律宾、日本、韩国)已有驻军,但奥巴马政府还是提出了"重返亚太"战略。奥巴马政府制定这一战略的主要目的是将地中海地区的美国第六舰队调至太平洋地区,从而利用军事手段围堵中国。在特朗普执政时期,美国发起了针对中国的贸易战和科技战,其核心目标仍然是遏制中国的发展。拜登上台后,美国延续了之前的对华政策,继续推行"重返亚太"战略,并发动贸易战和科技战。此外,拜登政府还组建了所谓的"民主同盟",试图将中国排除在外,使其他国家与中国脱钩。按照购买力平价计算,中国目前是世界第一大经济体,也是全球第一货物贸易大国。中美之间的矛盾和冲突实际上使世界格局的变化具有很大的不确定性。

我个人认为,世界格局之所以会发生如此大的变化,是因为中国的崛起改变了世界的经济格局,我们也不清楚这种格局何时会发生新的转变。世界格局何时能稳定下来呢?我认为这与中国的经济形势有关,当中国人均GDP达到美国人均GDP的一半时,世界格局或许就能够稳定下来了。

目前,中国拥有约14亿人口,美国拥有约3.3亿人口。当前,中国已经进入人口老龄化社会,尽管美国人口的增长速度超过了中国,但在未来的三四十年内,中国的人口总量仍将是美国人口总量的4倍多,这一基本格局预计不会发生重大变化。当中国人均GDP达到美国人均GDP的一半时,中国的经济总量将有望达到美国的2倍。

北京、上海、天津、山东、江苏、浙江、福建、广东是我国经济比较发达的地区。我认为,三四十年后,这些经济比较发达的地区的人均

GDP 能够达到与美国相当的水平。人均 GDP 体现的是一个国家的平均劳动生产力,我们可以通过平均劳动生产力衡量一个国家的产业发展水平和技术水平。如果我国经济比较发达的地区的人均 GDP 和美国相当,我国的经济体量和美国相当,我国的产业发展水平与技术水平也和美国相当,那美国就会失去科技优势、产业优势和技术优势,不再有遏制中国发展的能力。

高新技术产业的发展对美国经济的发展起着至关重要的作用。美国高新技术产业的发展离不开中国的广阔市场。发展高新技术产业往往需要企业在研发上投入大量的资金。中国目前是世界第一大经济体,中国市场为美国的高新技术企业提供了巨大的市场。这些美国企业如果能够在中国市场获得高额利润,就拥有了大量的研发资金,就能在技术上处于领先水平。然而,这些美国企业如果失去了中国市场,它们的利润就会大幅减少,它们在研发上的投入也会大幅减少。我们知道,前沿技术领域的竞争是异常激烈的,这些美国企业如果无法在技术研发上取得领先优势,就很可能被其他竞争对手取代。因此,对于美国企业来说,拥有中国市场是它们保持领先地位的关键。它们如果失去了中国市场,就会在国际竞争中落后于其他企业,甚至面临被市场淘汰的风险。

贸易的本质是双赢,但在双赢的过程中,小经济体获得的好处往往比大经济体获得的好处多。如果美国的经济体量是中国的一半,那么美国在贸易中获得的好处就会多于中国获得的好处。美国企业的发展离不开中国市场,美国民众的生活离不开中国物美价廉的产品。在这种背景下,如果美国试图遏制中国的发展,美国也将受到严重的影响。如果美国的经济体量是中国的一半,在战争动员时,美国能够调用的物资也将是中国的一半。我想,在那种状况之下,美国就会心悦诚服地接受中国是世界第一大经济体的事实。

我们常说,发展是解决一切问题的基础和关键。对于处于百年未有之大变局的中国而言,发展依然是关键,我想这一点是很明确的。未来中国经济是否能够实现快速发展呢?目前,有很多学者对中国经济进行了解读，有些学者的观点是比较悲观的。我们该如何看待这个问题呢？中国经济是否能够以比较快的速度增长呢？中国人均 GDP 是否能够达到美国人均 GDP 的一半呢？在回答这些问题之前，我们需要先了解经济发展的决定因素和条件是什么。

如果一个国家的经济在发展，就表明该国的国民收入在不断提高。想要使国民收入不断提高，生产力水平就要不断提高。怎样才能实现生产力水平的提高呢？提高生产力水平的方式之一是实现技术创新，使每位劳动者都能够生产出更多、更好的产品。同时，想要实现经济的发展，就需要有新的附加值更高的产业不断涌现。国家可以将资本、劳动力、土地等资源分配给附加值较高的产业，从而提高生产力水平。无论是发达国家还是发展中国家，想要实现经济的可持续发展，就要将重心放在技术创新上，并推动附加值更高的新兴产业不断发展。创新是第一动力，党的二十大报告也强调了这一点。

在探讨创新如何推动经济发展时，发达国家与发展中国家存在一定的差异。为什么发达国家的国民收入高？因为发达国家的生产力水平高。这些国家拥有国际领先的技术，且相关技术能够为产业带来很高的附加值。由于这些国家拥有世界上最先进的技术，且相关产业的附加值也是最高的，因此，这些国家如果想要进行技术创新或开发新的附加值更高的产业，就只能依靠自己的力量。

发明创造往往需要国家和企业投入大量的资金和人力，由此带来的风险也是极高的。一项发明如果被创造出来，并受到专利法的保护，它将为企业带来很高的利润；但我们必须认识到，99% 的尝试都可能以失败告终，这意味着大量的投入会化为乌有。自工业革命以来，发达国家之所以能够保持世界领先地位，正是因为其拥有强大的创新能力。发达国家如果不在技术创新方面发力，就无法掌握新技术，无法开拓新产业，经济也将停滞不前。因此，发达国家必须依靠技术创新来推动经济的持续发展。

发展中国家同样可以依靠技术创新推动经济的持续发展。"创新"一词在经济学中有其特定的含义。研发新技术或新产品是一种创新，在下一个生产周期采用比现有技术更先进的技术也是一种创新。发展中国家当前的劳动生产率相对较低，并且发展中国家的企业所采用的技术与发达国家的企业所采用的技术存在一定的差距，但这种差距也为发展中国家提供了一种可能性。发展中国家可以引进、消化、吸收发达国家的先进技术。这样一来，发展中国家不仅能够实现技术创新，还有机会实现产业升级。

发展中国家可以引进发达国家的先进技术，也可以选择走自主创新的道路。哪一种方式更好呢？如果想要回答这一问题，我们就要考虑这两种方式在成本、风险等方面存在什么样的差异。我们知道，发达国家在技术创新的过程中投入了大量的资金，这也使它们面临巨大的风险。如果发展中国家选择引进发达国家的先进技术，其所花费的成本和所面临的风险就会减少，这也意味着其技术创新的速度和产业升级的速度会加快，生产力水平的提升速度会加快。这样一来，发展中国家的经济增长速度也会加快。这种发展优势在经济学中被称为"后来者优势"。

自改革开放以来，我国的经济发展成就令人瞩目，我国的经济增长速度远超发达国家，我国与发达国家之间的差距不断缩小。未来中国是否能够利用和发达国家之间的技术差距推动经济高速增长呢？部分学者对这一问题的看法较为悲观。他们认为，自第二次世界大战以来，利用技术差距追赶发达国家的经济体通常能够在 25 年或 30 年内实现显著的进步，而中国已经利用这一优势长达 40 多年。还有一种观点认为，按照购买力平价计算，如果一个国家的人均 GDP 达到 14000 美元，其经济增长速度往往会降至 3%～4%。

世界银行前首席经济学家、美国财政部前部长、哈佛大学前校长劳伦斯·萨默斯曾在 2014 年发表过一篇文章。他在文章中提到，世界各国的经济增长率通常保持在 3% 的水平，中国的经济增长率虽然在一段时间内维持着较高的水平，最终也会回落到 3% 的水平。中国经济还是否能够保持高速增长的态势呢？我认为这一问题的关键不是中国已经利用了多久的后来者优势，我们应当分析我国当前的经济发展水平与发达国家经济发展水平之间的差距。

我们可以通过观察相关数据来分析这一问题。按照购买力平价计算，2019年中国人均GDP达到了美国人均GDP的22.6%。这一差距和1946年的德国、1956年的日本、1985年的韩国与美国在人均GDP方面的差距相当。这三个国家后来都成为发达国家了。我们可以发现，当这些国家的人均GDP达到美国人均GDP的22%～23%时，它们的经济都处于快速增长的阶段。在1946年至1962年这十几年间，德国人均GDP的年均增长率为8.6%；在1956年至1972年这十几年间，日本人均GDP的年均增长率为8.6%；在1985年至2001年这十几年间，韩国尽管在1997年至1998年遭受了亚洲金融危机的冲击，但其人均GDP的年均增长率仍达到了8.1%。这三个国家利用后来者优势实现了经济的快速发展。我们有理由相信，在2019年至2035年这十几年间，中国人均GDP的年均增长率同样有可能达到8%，因为历史已经证明这样的增长是完全有可能的。因此，就像我在采访中经常提到的那样，在2035年之前，中国人均GDP的年均增长率是有可能达到8%的，因为中国是有实现这一目标的潜力的。

与德国、日本和韩国相比，我国除了拥有技术差距所带来的后来者优势，还具备一个这些国家所不具备的有利条件，那就是以数字经济为代表的新经济带给我国的换道超车的优势。数字经济的特性之一就是相关产品和技术的研发周期特别短，其研发周期大约为12个月至18个月，研发周期短就意味着需要投入的成本相对较少。以小米公司为例，雷军在十几年前创立了小米公司。公司创立后，他的团队只用了1年左右的时间就研发出了小米手机。实际上，对于小米公司而言，它需要投入的成本是比较有限的。反之，研发周期越长，需要投入的成本就越多。

自工业革命以来，发达国家积累了大量的资本，其人均资本量远超中国，中国则是在改革开放后才开始积累资本的。虽然与改革开放初期相比，我国的人均资本量已显著增长，但与发达国家相比仍有差距。因此，在资本投入方面，发达国家确实拥有很大的优势。然而，在以数字经济为代表的新经济领域，资本投入并非主导因素，人力资本的投入更为关键。从这个角度来看，中国是具备很强的优势的。中国人口众多，人才储备丰富。对世界各国而言，人才在总人口中的比例大致相同，但这就像购买彩票一样，虽然每张彩票的中奖概率都是相同的，但购买的彩票越多，中奖的可能性就越大。我国的人口总量是美国的4倍多，这就意味着我国的人才数量也是美国的4倍多，这也意味着我国拥有丰富的人力资本。这是我国所具备的一大优势。

除了人力资本方面的优势，我国还具备一个不容忽视的优势，那就是市场规模。我国市场规模庞大，这意味着一旦有新产品或新技术问世，企业就可以迅速将新产品和新技术推向全国市场，并快速实现规模经济效应，这将大大提高我国企业在国际市场上的竞争力。我国还拥有世界上最为完整的产业门类，这使得从创意到产品的转化过程更为高效。这些优势在新经济领域表现得尤为突出。例如，目前在美国下载量最多的5个APP中，有4个是由中国企业开发的，这充分证明了中国企业在新经济领域的实力和创新能力。此外，我国也具备极为强大的产业配套能力。以特斯拉为例，虽然该公司在美国发展了很多年，但其年产量是比较有限的。2019年1月，特斯拉上海超级工厂开工建设，该工厂于3年内生产了上百万辆整车。该工厂的建立不仅提升了特斯拉的产量和效益，也挽救了马斯克的事业。

考虑到我国所具备的后来者优势和我国在新经济领域所具备的优势，我们有理由相信，在2035年之前，中国人均GDP的年均增长率是有可能达到8%的。然而，当前美国等发达国家试图通过技术封锁的方式限制我国的发展，这无疑会给我们带来一定的困扰。虽然美国在某些领域拥有技术优势，但真正能遏制我国经济发展的技术其实并不多，而且高新技术并不是美国所独有的。

美国为了维护其霸权地位，期望其他国家与中国在经济和技术上脱钩，但这种期望并不现实。因为许多先进的技术掌握在企业手中，这些企业如果希望在技术上处于领先地位并获得盈利，就必须投入大量的研发资金。研发资金来源于广阔的消费市场，中国市场正是其中之一。对很多国外企业而言，拥有了中国市场就意味着能够获得盈利，失去了中国市场就意味着无法获得盈利。

美国试图在经济和技术上与中国脱钩，这实际上是由美国政府主导的，而后果则需要由美国企业承担。美国企业或许因政治压力而不得不配合，但德国、法国等其他国家的企业没有必要为美国政府的行为买单。面对这种情况，我们应坚定信心，加大自主研发和创新的力度，在3年到5年后，我们一定能够在技术上取得重大突破。

最近，我在一次演讲中提到，华为Mate 60 Pro的发布让我感到非常高兴。在当前的技术领域，最难攻克的就是7纳米及以下芯片的制造技术，但我们对此充满信心。当然，我们也应当明白，在利用与发达国家在技术方面的差距实现经济发展的过程中，我们会付出一定的代价。人口老龄化问题是我们需要应对的挑战，在应对这一挑战的过程中，我们也会付出一定的代价。同时，我国还在努力达成"双碳"目标，即在2030年前实现碳达峰，在2060年前实现碳中和。这就要求我国的企业用绿色技术替代原有的技术。在技术转型的过程中，虽然污染物排放量会降低，但效率的提升速度可能会有所下降。然而，我个人的观点是，尽管我国要应对这些挑战，美国对我国进行了技术封锁，并且为了实现高质量发展，我国必须兼顾诸多方面，但实现5%～6%的年均增长率仍然是完全有可能的。

根据前面的分析，如果中国人均GDP的年均增长率在2035年之前能够达到5%～6%，在2050年之前能够达到3%～4%，那么到2049年实现第二个百年奋斗目标时，中国人均GDP有望达到美国的50%。2019年，中国人均GDP大约是美国的22.6%。如果我们希望中国人均GDP在2049年达到美国人均GDP的50%，就意味着在2019年至2049年这30年间，中国人均GDP的年均增长率必须高于美国。具体来说，中国人均GDP的年均增长率需要比美国高2.7个百分点。考虑到过去五六十年美国人均GDP的年均增长率为1.8%，如果我们想要达到上面所提到的目标，中国人均GDP的年均增长率在2019年至2049年必须达到4.5%。

当我国实现这一目标时，美国就会心悦诚服地承认中国是世界第一大经济体，中华民族伟大复兴的中国梦也将成为现实。当今世界正经历百年未有之大变局，中美两国的和平发展有利于维护世界的和平与稳定。毕竟，与其他经济体相比，中美两国的经济体量巨大。日本是世界第三大经济体，但其经济体量与我国的经济体量仍有很大的差距。

我们希望中国能够在2049年成为先进的发达国家。那么，一个国家达到了怎样的标准才算是先进的发达国家呢？我们可以分析一下2019年的数据。2019年，全球约有70个国家的人均GDP超过了13000美元，这标志着它们进入了发达国家行列。其中，有28个国家的人均GDP超过了美国人均GDP的一半，它们中的大部分都是老牌工业化国家，如德国、英国、法国、意大利、瑞典、瑞士等；此外，其中还包括亚洲的一些新兴工业化国家，如日本、韩国、新加坡等。

到了2049年，如果中国人均GDP达到了美国人均GDP的一半，中国将跻身发达国家行列。这一宏伟目标的实现也将为我国的企业家们提供无穷的机遇。如果2049年前中国人均GDP的年均增长率能够达到4%～5%，那么中国对世界经济增长的贡献率将超过30%。这意味着全球的经济增长将主要依赖于中国经济的发展，而我国的企业也将受益良多。想要将这些机遇转化为现实，还需要各位企业家们充分把握住我前面所提到的后来者优势和换道超车的优势。

谢谢各位！

湖畔论道

提问者：

你好，林教授。当前大家对于房地产行业的发展有很多的思考和讨论，包括房地产企业的发展、房地产的价格、房地产市场的调控政策等。您觉得房地产行业在未来10年仍是中国的支柱产业吗？对于中国而言，新的经济增长点有哪些？这就是我的问题，谢谢林教授。

林毅夫：

我们先来谈谈关于房地产的问题。我认为房地产行业仍是中国的支柱产业，因为中国还在推进城市化进程，农民不断进城就意味着住房需求会不断增加。同时，人们的收入水平在不断提高，我国的人均GDP也在不断增长。收入水平提高以后，人们对改善性住房的需求会不断增加，而且房地产行业的发展还会带动建材等行业的发展。因此，作为国民经济的支柱产业，房地产行业的地位应该不会被动摇。

在未来，房地产行业的发展模式可能会有所转变。目前，我们可以将住房供应模式概括为两种，一种是中国的香港模式，另一种是新加坡模式。香港模式以商品房为主导，以公租房为辅；而新加坡模式则更加注重公租房的建设，商品房只占据小部分比例。为了实现共同富裕，避免引发由房地产泡沫造成的金融危机，我国的住房供应模式可能逐渐从香港模式转变为更加注重公租房建设的新加坡模式。尽管发生了这样的转变，房地产行业的地位并不会被动摇。该领域仍然有着巨大的发展空间和发展潜力。

我们再来谈谈中国经济增长动力的问题。除了房地产行业的发展，技术创新和产业升级也对中国经济的发展起着十分关键的作用。在追赶发达国家的过程中，我们需要不断地学习国外的先进技术，提升我国产品的质量和附加值，从而增强产品的竞争力。以著名的汉诺威工业博览会为例，虽然中国的产品遍布各个展厅，但产品的价值和价格往往较低，这反映出我国的产品在质量和技术上与发达国家的产品存在差距。想要缩小这一差距，产业升级势在必行。产业升级不仅能够增加产品的技术含量和附加值，还能推动经济的持续增长。

同时，我国还有很多换道超车的机会。新能源汽车产业就是一个典型的我国可以换道超车的领域。在过去10年，我国的企业在新能源汽车领域积累了大量的经验和技术。目前，中国新能源汽车已经进入爆发式增长阶段。我们可以看到，中国的新能源汽车在近期举办的慕尼黑车展上大放异彩，吸引了全球的目光。这充分说明，新能源汽车产业和其他类似的产业会成为中国经济增长的重要驱动力。

提问者：

林教授您好，您认为临港新片区的核心竞争力是什么？未来我们应当如何进一步扩大其核心竞争力？谢谢。

林毅夫：

我认为，临港新片区的核心竞争力与党的领导有关。在党的领导下，我们能够审时度势，不断分析当前经济发展所面临的挑战，并精准地调动各种力量来抓住机遇，从而推动经济的发展。因此，党的领导为我国经济的发展打下了坚实的基础。

放眼世界，我们就会发现，中国经济在改革开放后的40多年内始终保持着高速增长的态势，这本身就是一个奇迹。在这个过程中，每隔几年就会有人提出"中国经济崩溃论"，为了证明这个观点，他们列举了各种看似有力的论据。然而，事实胜于雄辩，中国经济不仅没有崩溃，反而实现了稳定的发展。为什么我国经济能够实现稳定的发展？因为我们的政府敢于直面问题。当然，发展才是解决一切问题的根本途径。当挑战来临时，我们不仅要有勇气去面对它，更要善于从中发现发展的机遇，挖掘潜力，创造更多有利条件。这样一来，经济能够持续发展，人民日益增长的美好生活需要也能够得以满足。我们必须认识到，解决问题的过程是一个循环往复、不断前进的过程。旧的问题解决了，新的问题又会出现。因此，我们应当保持实事求是的态度，敢于面对新问题，不断寻找新的解决方案。在这个过程中，中国体制的优势就表现得尤为明显。这一优势是我国实现高质量发展的重要保障。

提问者：

林教授，下午好。听了您的讲座以后，我对中国经济的发展前景充满信心。我想向您提一个问题：个人创业如何才能有效地与宏观经济走势相结合呢？谢谢！

林毅夫：

这确实是一个值得我们深思的问题。我认为，我们需要清晰地认识自己所处的位置和发展环境。只有明确了自己的定位，我们才能更好地把握机遇。有一句话是"信心比黄金更重要"。经济的发展总是充满了起伏和变化。有时候，一个产业如果处在时代的风口上，从事相关产业的企业想亏都难，但这些企业无法永远处在时代的风口上。回顾过去的40多年，中国是全球发展最快的国家之一，那些在中国抓住了发展机遇的人往往都能获得巨大的成功。因此，我坚信，在未来的30年，中国市场仍然存在巨大的发展机遇。在这样的背景下，我们需要深入了解中国经济的增长潜力是什么，思考有哪些机遇是我们能够把握住的。我们可以通过自己的聪明才智和不懈努力将这些机遇转化为优势。相信中国的持续进步能够为个人事业的发展提供巨大的机遇。

我较早就提出过中国经济规模可能超越美国的观点，这一观点在1994年出版的《中国的奇迹：发展战略与经济改革》一书中得到了详细阐述。在书中，我提出了两个重要论断：一是基于购买力平价计算，中国的经济规模将在2015年超过美国；二是按照市场汇率计算，中国的经济规模将在2030年超过美国。这本书出版后，大多数人对这两个论断持怀疑态度。他们普遍认为，作为一个转型国家，中国需要面对众多体制与机制上的问题和挑战。在过去的40多年里，中国经济的快速增长是人类经济史上的一大奇迹，但经济增长总是伴随着波动。

每当中国经济面临下行压力时，总会有人提出"中国经济崩溃论"。如今，这种声音依然不绝于耳。在我早先提出中国经济规模有望超越美国的论断时，很少有人相信我的观点。当时，我曾受邀在各种场合发表演讲，与众多企业家进行交流。20多年过去了，我常常收到一些企业家朋友的反馈。他们中的一些人当年听了我的演讲，却并未相信我的判断，因此错过了投资的最佳时机，他们说自己常常因为当初没有听取我的建议而感到后悔。一些朋友也向我分享了他们的经历。他们曾在做投资决策时犹豫不决，便寻求国外咨询公司的建议，但咨询公司反馈给他们的往往是对中国经济的担忧。最终，他们选择相信我的观点，他们的企业也发展得非常好。

提问者：

林教授您好，我有一个问题想请教您。您刚刚在讲座中提到，如果后续中国希望在GDP上赶超美国，人口是一个很重要的因素。目前，中国的生育率呈现出下降的趋势。您对这个情况有什么看法呢？

林毅夫：

生育关乎整个社会的未来发展。我们如果回顾发达国家的发展历史，就不难发现，随着人们收入水平的提升，各国的生育率普遍呈现出下降的趋势。在人们传统的生育观念中，"养儿防老"是一个重要的考量因素。然而，随着收入水平的提高，人们依靠孩子来获得养老保障的需求在减少。如今，很多老人不仅不再依赖子女的经济支持，还会在自己有能力的情况下为子女提供帮助。这种角色上的转变使人们的生育需求减少了。此外，养育孩子的成本也在不断上升。在养育孩子的过程中，父母不仅需要投入大量的资金，还需要投入很多的时间和精力。因此，许多家庭会因为养育孩子的成本过高而犹豫是否要生孩子。

人们常常将生育率下降与计划生育政策联系起来，韩国等国家并没有实行计划生育政策，但它们的生育率比我国的生育率还要低。这表明生育率下降是社会发展的必然结果，而不仅仅是政策所造成的结果。我们要认识到，养育孩子的成本不断上升是生育率下降的关键因素之一。一个国家如果想鼓励人们多生孩子，就必须采取一定的措施，降低人们的生育成本。在发达国家，政府通常会发放生育补贴，我想这对提高生育率是有一定帮助的，但无论如何，"养儿防老"的观念已经逐渐被人们摒弃。

目前，一些人认为我国经济增速放缓是因为人口老龄化使我国失去了人口红利。最近，我对这个问题进行了研究。从第二次世界大战结束到现在，已经有53个国家进入人口老龄化社会。其中有26个国家在进入人口老龄化社会后人均GDP超过美国人均GDP的一半，这些国家大都是发达国家，如德国、法国等；另外的27个国家的人均GDP少于美国人均GDP的一半。我对这两组国家在进入人口老龄化社会之前的10年的经济增长率与进入人口老龄化社会后的10年的经济增长率进行了对比。结果显示，人均GDP超过美国人均GDP一半的国家在进入老龄化社会后，经济增长率略有下滑。具体来说，这些国家的人均GDP增长率维持在2%左右，即使考虑到人口增长率对经济的影响，其经济增长仍然保持稳定，人均GDP并没有出现显著的变化。人均GDP少于美国人均GDP一半的那27个国家也在面临人口老龄化所带来的挑战，但对这些国家而言，进入老龄化社会后的经济增长率反而高于进入老龄化社会前的经济增长率。人们普遍认为人口老龄化会阻碍经济增长，但事实似乎与人们的预期截然相反。

为什么会出现这种情况呢？人口老龄化通常是一个人们可预见的过程。如果一个国家步入人口老龄化社会，人口总量和劳动力总量都会呈现出下降的趋势。我们在探讨经济增长驱动力的时候会发现，劳动力数量并不是决定经济是否增长的唯一因素，决定经济是否增长的主要因素是有效劳动力。有效劳动力与劳动者的数量和劳动者的质量有关，劳动者的质量则与劳动者的受教育程度有关。因此，当政府预见未来会出现人口老龄化趋势时，往往会加大对教育的投入力度，使有效劳动力不断增加。

总而言之，有效劳动力的增加能够在很大程度上抵消劳动力数量减少给经济发展带来的负面影响。

高素质的劳动力对于技术创新和产业升级是至关重要的。那些处于追赶阶段的国家拥有后来者优势，它们在技术创新和产业升级方面拥有巨大的发展空间。劳动者的受教育水平和专业技能得到提升后，他们就能更好地推动新兴产业的发展，社会生产力水平和经济发展速度就会随之提升。很多人对人口老龄化社会的印象主要来源于日本的人口老龄化现状。在进入人口老龄化社会后，日本经济长期处于疲软状态，但我们需要深入思考，这究竟是人口老龄化导致的，还是其他原因导致的。

前面我们讨论了人口老龄化对经济增长的影响，并了解了教育投资的重要性。如果一个国家重视对教育的投入，人口老龄化不会对经济的稳步增长产生太大的影响。然而，我们可以看到，日本的经济在20世纪90年代后出现了明显的下滑。尽管当时日本的人均GDP已经超过了美国的一半，但其经济增长率却从2%降至1%左右。是不是人口老龄化导致日本产业升级困难、技术创新停滞不前呢？实际上，在步入人口老龄化社会后，其他人均GDP水平与日本相似的国家在产业升级和技术创新方面都有所突破。因此，我们需要寻找其他能够解释日本经济陷入困境的原因。我认为美国对日本经济的压制是一个不容忽视的因素。20世纪80年代，按照市场汇率计算，日本的经济总量已达到美国的经济总量的70%。美国为了维护其经济霸权地位，采取了一系列压制日本经济发展的措施。1985年，美国与日本等国家签订了"广场协议"，该协议要求日本调整货币政策。这一协议的签订导致日元大幅升值，这给日本的出口贸易带来了严重的冲击。此外，美国曾打压日本芯片产业的发展。日本的芯片研发能力曾处于世界领先地位，甚至超越了美国。然而，美国通过采取一系列措施对日本芯片产业的发展进行了压制。这种做法无疑给日本的经济增长和技术创新带来了巨大的阻碍。

日本在第二次世界大战后迅速崛起，实际上这得益于产业政策对经济发展的支持，这些政策对日本现代产业的发展起到了重要的推动作用。

然而，20世纪80年代以来，日本开始接受美国新自由主义的主张，不再通过推行产业政策支持新兴产业的发展。这种政策上的转变对日本现代产业的发展产生了深远的影响。尽管日本的汽车产业在20世纪80年代处于世界领先地位，但日本并没有在其他领域取得突破，尤其是新兴产业。在受到美国的打压后，日本逐渐失去了在芯片产业取得的竞争优势。产业政策转变、技术创新和产业升级滞后是日本经济增长放缓的主要原因。虽然日本确实需要面对人口老龄化所带来的挑战，但这并不是导致日本经济增长放缓的主要原因。

我相信我们国家不会面临同样的问题。首先，目前我国的整体教育水平有了显著的提升，劳动者的素质也在不断提高。虽然这并不一定意味着劳动力总量的增加，但教育水平的提高有助于推动有效劳动力的增加。其次，我国拥有很大的产业升级的空间。就像之前我提到的那样，我国不仅有机会在传统产业领域保持优势地位，还有机会在产业升级的过程中换道超车。这一切都离不开有效的引导和政策的支持，它们为技术创新和产业升级提供了有力的保障。因此，只要我国的生产力水平在不断提高，经济就能持续增长。到了2049年，如果我国的人均GDP年均增长率能够达到4.5%，我国的人均GDP能够达到美国的一半，我国的经济总量能够比美国高出1倍，我国就一定能够驾驭百年未有之大变局，中华民族伟大复兴的中国梦也将得以实现。我希望中国的企业家们能够抓住这一机遇，不仅实现个人事业的成功，也为中华民族伟大复兴做出贡献。

2023年9月16日

（根据讲座录音整理，已经本人审阅）

第三讲

现代化本质与中国发展机会

燕继荣

嘉宾小传

燕继荣，政治学博士，北京大学政府管理学院教授、院长；教育部"长江学者奖励计划"特聘教授；北京大学公共治理研究所所长，北京大学国家治理研究院副院长，北京大学政府运行保障研究院副院长；中国政治学会副会长，中国行政管理学会副会长，北京市政治学行政学学会副会长；教育部社会科学委员会政治学、社会学和民族学学部秘书长，全国公共管理专业学位研究生教育指导委员会副主任委员。主要研究领域包括：政治学理论，中国政治，政府管理，国家治理。出版学术著作《中国现代国家治理体系的构建》《走向协同治理：基层社会治理创新的宁波探索》《中国治理：东方大国的复兴之道》《国家治理及其改革》《社会资本与国家治理》《服务型政府建设：政府再造七项战略》《西方政治学名著导读》《政治学十五讲》等。主持国家级、省部级课题50余项，发表学术论文、政策评论文章200余篇。

赠言寄语

相约临港

共同成长

各位领导、各位嘉宾、各位朋友，大家好！

能够来到北大滴水湖大讲堂与大家共同探讨和交流，我感到非常荣幸和高兴。这是我第一次来到临港新片区，这里带给我很大的震撼。临港新片区取得了令人赞叹的发展成就，形成了自己的发展模式，这也与我今天讲座的主题密切相关。目前，很多人在讨论中国式现代化，希望在中国找到一个既有中国特色又有世界意义的现代化范本。我认为，临港新片区可以成为中国式现代化的一个样板。

我来自北京大学政府管理学院，我的专业是政治学。1980年我进入北大学习，从那时起，我就一直待在北大。我在北大求学、教书，见证了它的变迁与成长。如今，我已算是北大的一位老同志了。北大拥有深厚的历史底蕴，它的发展与中国的现代化进程紧密相连。改革开放以来，中国的每一次重大变革都在北大留下了深刻的印记。我有幸在这个时代背景下在北大学习、工作，亲身感受并观察到了中国改革开放的历史进程和现代化进程，所以我想和各位分享我的一些看法。

我想和大家探讨的主题是"现代化本质与中国发展机会"。党的二十大报告对中国式现代化进行了阐述。中国式现代化的内涵是什么？这一概念的提出有何创新之处？未来中国有哪些发展机会？这些问题是我要和各位一起探讨的。

有关现代化的研究已经持续了很多年，我们每个人都对"现代化"一词有着自己的理解和认识。40多年前，我们国家可能更多地将欧美国家作为现代化的现实样本。经过40多年的改革开放，中国的发展成就令人瞩目。在这一背景下，我们需要重新审视"现代化"的真正含义，并思考中国未来的发展方向。这是一个崭新的命题，在分析这一命题的过程中，我们需要先回顾人类社会的发展历程。人类的发展曾经历采集—渔猎时代、农耕—游牧时代、工业时代、信息时代等多个阶段。如今，人类正迈入数字时代，数字化、网络化、智能化成为这个时代的鲜明特征。在历史的长河中，现代化是社会发展的重要分界线，它将传统社会与现代社会区分开来。工业化是现代化的重要标志，它使人类从传统社会迈向现代社会。在工业化来临之前，人类长期处于采集—渔猎时代和农耕—游牧时代，社会的发展相对缓慢。然而，工业、制造业的兴起彻底改变了这一局面，社会被划分为传统社会和现代社会。从传统社会向现代社会的转变不仅提升了人类的生产力，改变了人类与自然的关系，还引发了生产方式、生活方式、组织方式及管理方式的深刻转变，工业和制造业开始迅猛发展。自18世纪中叶以来，人类经历了工业化、自动化、信息化、数字化等阶段。

为了深入理解现代化的真正含义，我们可以从组织资源、组织形态、信息模式和政府形式等方面了解人类文明的各个历史阶段。我们可以将人类文明划分为农业文明、工业文明和网络文明。在农业文明时代，土地是财富的主要形式，拥有土地便意味着掌握了财富。此时，主要的组织资源是土地等自然资源，典型的组织形态是家族、村社和农庄，经验丰富、年长且擅长农耕的人拥有话语权。农业文明时代的主要特征是信息相对封闭、地域范围狭小、流动性弱。这一时期的政府形式以家长制为主要特征。到了工业文明时代，情况发生了变化。在工业文明时代，主要的组织资源是资本和生产资料，典型的组织形态是工厂和企业。因此，谁掌握了技术、有能力创办工厂或经营企业，谁就拥有了话语权。制造业的发展对专业技术的要求很高，这就导致信息不对称的情况在社会中凸显。这一时期的政府形式以代议制为主要特征。现在，我们进入了网络文明时代。在网络文明时代，主要的组织资源是信息和数据，典型的组织形态是网络和平台。此时，信息的传递具有即时性和对称性，这一时期的政府形式以互动平台制为主要特征。

回顾现代化的发展历程，我们可以发现，自18世纪中叶以来，现代化从英国开始席卷全球，这使世界各国的经济发展水平拉开了较大的差距。在过去，各国之间的差距相对较小；然而，工业、制造业的兴起彻底改变了这一局面。发达国家的人均年收入和GDP可以达到非常高的水平，而发展中国家的经济发展水平则远远落后于发达国家。农业文明的发展高度依赖自然环境，人们所收获的劳动成果都是自然界的产物；而工业化推动了工业和制造业的发展，这意味着谁掌握了先进的技术，谁就拥有了创造财富的能力。因此，从本质上说，今天我们所看到的国家与国家之间的差距、地区与地区之间的差距，实际上都与工业和制造业的发展水平有关。

为何欧洲在这一进程中走在了前列呢？那就不得不提及1492年航海家哥伦布发现新大陆这一标志性事件。这一发现不仅推动了新航路的开辟，更推动了大航海时代的到来。新航路的开辟使欧洲人积极寻找新的贸易路线和贸易伙伴。通过一系列的探索与开拓，早期的资本主义在欧洲社会逐渐发展了起来，欧洲国家也积累了大量的财富。这些财富不是人们通过生产获得的，而是通过贸易获得的。15世纪至17世纪，欧洲迎来了重商主义时代，商业被视为财富之源和国家富强的基石。此外，滥觞于意大利的文艺复兴运动为欧洲社会的发展注入了新的活力；而17世纪至18世纪的法国启蒙运动则推动了欧洲社会思想文化的变革，人文主义、新教伦理、社会契约、人民主权、思想自由等现代观念大多在那个时期得以阐发。

新大陆的发现、重商主义的兴起、文艺复兴运动的开展和启蒙思想的传播为欧洲的工业化、现代化进程奠定了基础，而英国被认为是工业化的先驱。始于15世纪末的英国圈地运动标志着农业文明逐渐被工业文明取代，依赖土地和种植业的生产方式开始发生转变，对土地的商业化开发和利用使土地具有更大的经济价值。1688年，光荣革命在英国爆发，政治上的变革进一步推动了工业革命的到来。18世纪60年代，第一次工业革命在英国正式拉开帷幕。这场革命始于棉纺织业的技术革新，以蒸汽机的广泛应用为重要标志。在第一次工业革命爆发之前，纺纱和织布主要依赖人工劳动，而蒸汽机的出现为棉纺织业的发展提供了新的动力，极大地提高了劳动者的生产效率。19世纪三四十年代，机器制造业的机械化进一步推动了英国的工业化改造。从那时起，英国的工业化进程势不可挡，英国的经济发展速度也不断加快。

现代化为人类社会的发展带来了深远的影响，它推动整个社会走向全球化、市场化、自由化、民主化、网络化、信息化和智能化。现代化对人们产生的影响体现在多个方面。工业化改变了人们的生产方式，城市化改变了人们的生活方式，民主化改变了原有的政治形态。最重要的是，现代化推动了全球化的进程，使得各个国家相互依赖。作为一个拥有悠久历史和文明的古国，中国在全球化进程中也做出了重要的贡献。

第二次世界大战结束后，联合国的成立成为全球化进程中的重要里程碑。战后东西方阵营的对立在一定程度上阻碍了全球化的步伐。1989年柏林墙的倒塌标志着东西方阵营的瓦解，全球化进程也因此加快。改革开放后，我国主动加快了开放的步伐，积极推进经济全球化。近年来，互联网的普及进一步推动了全球化的进程，人类命运共同体理念也更加深入人心。现代化进程的加快表现为国际分工逐步深化、各国相互依赖的程度不断加深。这也意味着世界各国的发展在某种程度上是相互制约的。随着网络文明时代的到来，各国之间的联系会变得更加紧密。

在回顾现代化进程时，我们必须正视现代化所带来的诸多"后遗症"。城市病、乡村的衰落、人与人之间的疏离感、精神空虚、极化效应都与现代化有关。有的学者专门对现代化的陷阱进行了研究。早期的现代化往往与资本主义相伴而行，这导致物质主义在社会中盛行，恶性竞争和社会两极分化加剧。圈地运动的爆发和殖民主义、帝国主义的兴起也都是西方现代化的产物。这些现象不仅使社会矛盾加剧，也导致了东西方阵营的对垒。

面对现代化所造成的诸多问题，我们必须找到有效的解决方案。现代化是一个复杂且包含多个阶段的过程，一个古老的国家想要实现现代化转型，就需要跨越多个门槛，面对有关国家治理的几大关键性问题，如国家构建、经济发展、政党政治、政府政治、民主政治和开放政治。传统国家往往是在战争和暴力征服的背景下形成的,而现代国家的建立则需要依靠现代价值观念、法律与公平合理的社会制度。许多国家在现代化转型的过程中出现了很多问题,因此,后发国家如何顺利实现现代化是我们需要思考的重大课题。

对于后发国家而言,在现代化进程中建立产业体系和现代企业是至关重要的。现代化的核心是工业和制造业的发展,贫穷落后的国家往往因为工业和制造业发展落后而陷入困境。因此,想要实现经济的持续增长,后发国家就必须努力夯实产业基础,并培育现代企业。当然,这些后发国家还需要在现代化进程中面对其他诸多方面的挑战。

在现代化转型期间,政党政治扮演着关键角色。许多国家在协调社会利益方面出现了问题,导致政党分化,进而引发社会矛盾和政治冲突,这些矛盾和冲突有时甚至会演变为内战。因此,建立一套能够有效平衡和约束各方利益的政党制度就显得尤为重要。完善的政党制度既能够确保政治的稳定和社会的可持续发展,也能够为国家的现代化建设提供有力保障。

在现代化进程中,发展不均衡、不协调、不可持续等问题在传统国家中表现得尤为突出。因此,我国不能走发达国家自由放任的老路;相反,我国必须构建一套有为、有效的治理体系,使政府发挥更加积极的作用。同时,民主化也是现代化进程中不可或缺的一部分。老百姓的知情权、表达权和参与权需要得到保障,因此,构建一套能够有效吸纳民意、转化民意的制度是至关重要的。这不仅体现了一个国家在现代化建设方面的能力,也体现了政府对人民利益的重视程度。此外,开放政治也是现代化进程中不可或缺的一环,每个国家都应当融入国际社会,积极参与全球治理。

改革开放40多年来,中国的现代化建设成就显著,这主要归功于我国在国家治理领域采取的一系列重要措施,这些措施的实施有效地避免了重大危机的出现。传统国家在现代化转型的过程中会面临诸多挑战,其中最为突出的是国家构建、国家发展和国家治理这三大问题。一个国家要想成功实现现代化转型,就必须在这三个方面付出努力。现代化进程往往伴随着社会的不稳定。如何在保持经济增长的同时实现社会稳定呢?这是我们需要解决的重要问题。在解决这个问题的过程中,我们需要关注现代化的两大主题——发展和治理。一方面,经济、社会、文化等各项事业需要被重视起来;另一方面,国家内部的所有行为主体的行为都需要被规范。简而言之,发展是加法,治理是减法,我们要妥善处理两者之间的关系。

我们可以将支撑一个国家或地区实现现代化的机制分为两个部分,即动力系统和制动系统。动力系统中的分化力量推动着整个社会向着市场化、民主化、社会化、自由化的方向发展,相关因素包括经济的发展、教育的进步、技术的进步等。虽然一些后发国家的政府积极承担了很多发展任务,并成为政治学中所描述的"发展型国家"(developmental state),但不可否认的是,经济社会的发展主要是由民间力量推动的。此外,仅有动力系统是不够的,因为它会造成社会的分裂和不稳定。因此,制动系统应当发挥其作用,通过整合各方力量推动社会向着理性化、制度化、法治化的方向发展,使现代化进程中的各种行为得到规范,从而维护社会的稳定。动力系统和制动系统相辅相成,共同推动现代化进程向着更加和谐、有序的方向发展。总的来说,动力系统解决的是发展问题,制动系统解决的是治理问题。因此,我们可以看到,一个国家在现代化转型的过程中必须具备两种能力——发展能力和治理能力。

现代化一直以来都是中国人的梦想,自1840年鸦片战争爆发以来,中国便开始了对现代化的探索。洋务运动爆发后,人们意识到了工业和制造业对于一个国家的重要性,因此人们喊出了"师夷长技以制夷"的口号,并积极引进了西方的先进技术。中国在甲午中日战争中的失败进一步验证了工业和制造业对于一个国家的重要性。人们通常认为民国时期中国的工业水平是十分落后的,甚至有人认为那时人们连一颗钉子都生产不出来;但是近年来又有人在史料中发现,那时人们不但能生产钉子,还能制造汽车、轮船、枪械和大炮,但这不意味着中国在民国时期已经实现了工业化。工业化的实质是产业化,如果一个国家拥有生产工业产品的完整生产链,那么它才算是实现了真正意义上的工业化。如果一个国家只是简单地引进了一两个工厂，通过加工和拼装进口零部件来生产产品，我们就不能认为这个国家实现了工业化。事实上，世界上真正全面实现工业化的国家并不多。一些欧美发达国家只在若干工业门类中表现卓越，它们并不一定具有很高的工业化水平。这一点也给中国的工业化建设带来了重要的启示。

回顾中国180多年的现代化历程，我们可以清晰地看到，1978年到现在是中国发展最为迅速且最为稳定的时期。在这40多年的发展历程中，有几个关键的节点值得我们注意。1978年，党的十一届三中全会作出把党和国家工作中心转移到经济建设上来、实行改革开放的历史性决策。1980年，农业生产责任制得到了进一步的完善。我们需要充分认识到，农业生产责任制的推行不仅是推动中国经济发展的关键一步，也为国家治理的现代化探索提供了宝贵的经验。我们知道，世界上既有以公有制为主体的国家，也有以私有制为主体的国家。以私有制为主体的国家需要思考如何增强公共政策的公共性，以公有制为主体的国家则需要解决有关责任制方面的问题。1992年，邓小平在南方谈话中明确了市场化改革的方向。他明确指出，计划经济和市场经济并不是区分社会主义和资本主义的标志。这一论述为中国经济的市场化改革铺平了道路。1992年，党的十四大明确提出，中国经济体制改革的目标是建立社会主义市场经济体制。2001年，中国加入世界贸易组织，这标志着中国进一步融入国际经济体系，这为中国经济的快速增长提供了广阔的空间。2008年，北京奥运会的成功举办标志着中国国际地位和影响力的提升。2013年，党的十八届三中全会提出，全面深化改革的总目标是完善和发展中国特色社会主义制度，推进国家治理体系和治理能力现代化。这意味着中国不仅在经济领域追求现代化，也在政治领域积极寻求改革和进步。

从经济学的角度看，人们往往会将中国近40年来的快速发展归功于市场化、简政放权、融入国际经济体系和市场活力的释放；然而，从政治学的角度来看，我认为国家与社会的关系变革也不能被忽视。这种变革实际上反映了政府与社会、政府与市场之间关系的重塑。我们应当看到政府部门自身的变革对经济发展做出的重要贡献。20世纪80年代至今，国务院机构共进行了9次改革，这些改革不仅优化了政府职能，提高了政府各部门的行政效率，还深刻地改变了政府官员的工作状态和精神面貌。这种转变彰显了中国政府推动现代化进程的决心和力度。

我们能够从中国的现代化进程中看到什么呢？我们能看到的是政治转型、经济起飞、社会发展与治理变革。当前，我们正处于追求治理现代化的历史进程中。中国的现代化之路究竟有何新意呢？我认为，中国的现代化进程实际上为很多国家提供了一个后发国家追赶先进国家的成功范例。在这个过程中，我国遇到了大多数后发国家在构建现代化国家时所遭遇的种种问题，并给出了自己的解决方案。中国的案例生动地展示了追赶与超越的历程。从经济指标来看，中国发生了翻天覆地的变化。1978年，我国的人均GDP仅为385元；而2023年，我国的人均GDP已经达到了89358元，是改革开放之初的200多倍。在改革开放初期，我国需要在经济发展方面面对巨大的挑战。经过不懈努力，到了2020年，我国完成了消除绝对贫困的艰巨任务，脱贫攻坚战取得了全面胜利，这一成就无疑是举世瞩目的。

党的二十大报告提出，要"以中国式现代化全面推进中华民族伟大复兴"；中国式现代化的本质要求是"坚持中国共产党领导，坚持中国特色社会主义，实现高质量发展，发展全过程人民民主，丰富人民精神世界，实现全体人民共同富裕，促进人与自然和谐共生，推动构建人类命运共同体，创造人类文明新形态"。从学术的角度来看，我认为中国式现代化体现了"后浪推前浪"的历史进程。在过去的很长一段时间里，传统的农业文明社会的发展以"前浪带后浪"为主要特征，谁有经验、谁会种地，谁就有能力成为这个时代的引领者。随着工业化进程的推进和工业、制造业的兴起，这种模式发生了根本性的转变。如今，谁掌握了最新的知识和技术，谁就能够成为这个时代的引领者。年轻一代更容易接纳新事物，更容易掌握新知识和新技术，因此，他们往往能够超越老一辈人。这与农耕时代的情况截然不同，那时的年轻人往往因为缺乏经验而无法与老一辈人竞争。总而言之，农业文明的发展模式是"前浪带后浪"，而工业文明的发展模式则是"后浪推前浪"。

现代化本身就是一个"后浪推前浪"的过程。以英国为代表的早期现代化国家为人类文明的进步做出了重要的贡献，与此同时，现代化也给这些国家带来了不少问题。作为新一批推进现代化进程的国家，中国应当书写现代化理论的中国版本。中国式现代化不仅仅是对中国共产党百年奋斗历史的诠释，更为后发国家实现高质量发展提供了宝贵的参考范本。在追求现代化的过程中，我们不仅要看到其所带来的进步和发展，还要警惕可能出现的问题，避免陷入现代化陷阱。我们在推进中国式现代化的道路上必须努力克服早期现代化版本所存在的不足。

现代化是一个探索与创新的过程。我认为，中国式现代化的创新之处主要体现在以下三个方面：第一，中国式现代化是对工业化、城市化、市场化、民主化的全面升级；第二，中国式现代化强调数字技术对国家治理现代化的支撑作用；第三，中国式现代化强调发展与治理并重，追求人与自然和谐共生。

我们国家在推进现代化的道路上也不能丢掉改革开放以来积累下来的宝贵经验。这些经验不仅体现了我国在经济体制改革方面的创新，也体现了在政府管理和国家治理方面的创新。《中共中央关于党的百年奋斗重大成就和历史经验的决议》指出："一百年来，党领导人民浴血奋战、百折不挠，创造了新民主主义革命的伟大成就；自力更生、发愤图强，创造了社会主义革命和建设的伟大成就；解放思想、锐意进取，创造了改革开放和社会主义现代化建设的伟大成就；自信自强、守正创新，创造了新时代中国特色社会主义的伟大成就。"从学术的视角来看，有四个杠杆在中国的现代化建设中发挥着重要的作用，它们分别是党的领导、政府主导、人民至上和改革开放。这是我们过去总结出来的经验，我们在推进中国式现代化的过程中也要吸取这些经验。"中国式现代化"这一概念被提出后，国际社会对此展开了热烈的讨论。在我看来，"中国式现代化"是最为贴切的解读中国发展变化的表述。过去，我们一提及"中国崛起"，就会有人提出"中国威胁论",我们通常要花费大量时间向他们解释"中国崛起"强调的是和平发展。相比之下,"中国式现代化"这一表述更为中性、客观,使用这一表述避免了国际社会对我们产生更多的误解。

在现代化进程中,我国政府在两个方面做出的突出贡献是值得我们肯定的。第一,政府在发展方向上发挥了规划与引领的关键作用。如果没有政府的精心规划和明智领导,我们或许很难能看到临港新片区的快速发展。第二,政府为发展提供了信心和保障。政府为企业创造了良好的营商环境,为企业的发展带来了信心。在招商引资的过程中,企业的信心往往来源于政府的支持。

在讲述中国故事时,我们必须明确,中国的发展并不是从零开始的,而是在前人探索的基础上不断推进的。第一,推进中国式现代化并不意味着中国的发展模式与其他国家完全不同,我们所要做的是在借鉴其他国家发展经验的基础上探索新的发展路径。第二,中国式现代化为其他国家提供了新型国际发展合作范式。第三,中国式现代化为其他国家提供了数字治理的相关经验。我想强调的一点是,中国的现代化进程就像桌子上的半杯水,观察视角决定了人们对这半杯水的认识。一些人看到的是"半满",他们对目前的发展形势保持乐观态度;一些人看到的是"半空",他们意识到目前还有许多不足之处需要加以改进。我希望有更多的人能成为"半空派",我们应当保持谦虚的态度和进取的心态,不断寻找问题、解决问题。

在实现第二个百年奋斗目标的过程中,我们需要应对一系列的挑战。第一,我国需要继续保持较快的经济增长速度。第二,我们要重视人口问题。中国已经连续2年出现人口负增长的情况了,劳动力与被抚养人口的比例和结构发生了变化,这给我国未来的经济发展和社会保障带来了严峻的挑战。第三,随着社会的不断发展和进步,人民的诉求正朝着多元化的方向发展,国家政策如何回应不同群体的诉求是一个值得人们深入思考的问题。第四,我国面临的外部环境也在不断发生变化,这也会给我国的经济社会发展带来一定的挑战。

在中国式现代化的背景下,我们能从哪些方面寻找增长的机会呢?我认为,我们应当从改革中寻找增长的机会,从创新中寻找增长的机会,从开放中寻找增长的机会。那么,中国在哪些方面拥有发展机会呢?

首先,中国在新能源领域拥有较多的发展机会。我们知道,新能源产业具有巨大的市场潜力。我的老家在内蒙古。内蒙古在过去常被视为"老少边穷"地区,人们往往只知道那里有广袤的草原。如今,内蒙古新能源产业的发展展现出了惊人的活力,人们积极投身于新能源的开发。现在我们常说内蒙古"风光无限"。其中的"风"指的是风能。内蒙古风大,这也成为其发展风能产业的一大优势。如今,风电机组几乎已遍布全区各地。"光"指的是光伏产业。库布齐沙漠太阳能资源丰富,这使当地具有得天独厚的发展光伏产业的优势。当然,我们也要明白,新能源产业的发展仍处于起步阶段,使其走向成熟还需要时间的积累和技术方面的突破,但这无疑是一个充满机遇的领域。

其次,我认为中国在数字经济领域具有巨大的潜力。目前,世界正在经历一场大范围、深层次的数字技术革命。跨国数字企业的迅猛增加和数字经济的崛起已成为不可逆转的趋势。我相信,尽管在以工业、制造业为主导的现代化早期阶段,我国可能落后于其他国家,但在数字化时代,我国不会再错失良机。我们必须抓住数字经济领域的发展机遇,打造我国在数字经济领域的新优势。

最后,中国也要把握住全球化所带来的发展机会。当前,一些国家的政客提出了"脱钩断链"的口号,试图将中国排除在全球化进程之外。我认为,"反脱钩"是应对"脱钩断链"的有效方式。全球化是世界发展的必然趋势,而网络化作为全球化的重要推动力,具有打破国家与国家之间的界限、促进信息传播的独特优势。因此,我们要充分利用网络平台和网络资源,借助网络加强国际合作与交流,从而推动中国的现代化进程不断向前发展。网络文明时代是一个充满无限可能的时代,网络正在以惊人的速度改变着人们的生活方式和工作方式。正如我们所见,许多传统产业都在网络文明时代发生了深刻的变革。ChatGPT的出现让我们看到了人工智能的巨大潜力。

临港新片区是中国现代化发展的一个缩影，它充分展现了中国在现代化进程中所取得的成就。这里聚集了大量的年轻人，相信他们能够在这片充满机遇的土地上实现自己的价值。

以上就是我对中国式现代化和中国发展机会的看法，有讲得不对的地方还请各位批评指正。

谢谢各位！

湖畔论道

提问者：

燕教授您好，我来自临港新片区管委会。我有一个关于政府体制方面的问题想向您请教。临港新片区作为一个非独立行政区，目前主要行使区域经济管理职能，采用的是扁平化的管理体制。这种管理体制确实提升了我们的行政效率，使我们在工作中更专注于经济领域。然而，在实际工作中，我们也遇到了一些问题。第一，这种体制的实行使经济职权与社会职权的界限并不清晰，这导致我们在协调经济工作与社会工作时面临一定的困难。第二，管理体制的扁平化也导致我们人手不足。目前，我们要完成建设特殊经济功能区和现代化新城这两大任务。您觉得在当前及未来的一段时间内，我们应当如何更好地优化现有的管理体制呢？谢谢。

燕继荣：

我没有在政府部门工作的相关经验，但从理论角度出发，我认为政府管理的发展应当顺应时代的发展趋势和新形势的变化，其中包括减少科层制的层级，实现扁平化管理。我认为临港新片区更有可能在这些领域进行探索和实践。目前，传统的管理体制和资源分配方式可能在一定程度上制约了管理体制的创新。因此，我认为相关人员应当为自贸试验区设定一个更为明确的定位，并根据这一定位推动传统管理体制的改革。具体而言，领导们需要积极地争取更多的有利政策、机会和资源。各项改革都是逐步推进的，所以临港新片区管委会也可以逐步推进管理体制的改革与优化。

提问者：

燕教授你好，我现在主要从事信访方面的工作。我们希望将临港新片区打造为"年轻的城、年轻人的城"，所以我想结合自身工作请教燕教授一个问题。您觉得我们应当如何进一步激励年轻人参与社会治理，调动他们的积极性和主动性，从而更好地以全过程人民民主推进中国式现代化呢？

燕继荣：

感谢您的提问，这其实是一个很重要的问题。现代化的特征之一就是"后浪推前浪"，在现代化进程中，年轻人扮演着越来越重要的角色。年轻人具备更强的学习能力和适应能力，能够迅速掌握新技术和新知识，为社会发展注入新的活力。那么，怎么做才能使年轻人更好地参与社会治理呢？

研究发现，如果一个人把某个地方视为自己的家园、自己成长的摇篮、自己发展的基地，他就会有很强的参与公共事务和社会治理的积极性。因此，我们要鼓励年轻人树立主人翁意识，使年轻人关心自己所在地区的发展，并意识到自己所在地区的发展与个人的成长、个人的利益是联系在一起的。

在学术界，学者们常常探讨如何打破集体行动的困境。在一些情况下，即便人们普遍认同某一行动的价值，也无法将认识转化为实际行动。我认为，如果我们想鼓励更多的年轻人参与基层社会治理，首要任务是确保基层社会治理与他们的切身利益密切相关。在过去，很多人在参与基层社会治理的过程中抱着完成任务的心态，缺乏自发性和主动性。现在我们需要让年轻人转变这种观念，鼓励年轻人自发地参与基层社会治理。至于如何将这一原则转化为具体的政策和行动方案，这确实需要年轻的管理者深入思考。

2023 年 10 月 19 日

（根据讲座录音整理，已经本人审阅）

第四讲

从印象派到抽象主义
——论19世纪、20世纪中西艺术交融的尝试与成就

董强

嘉宾小传

董强,北京大学燕京学堂院长,博雅特聘教授;傅雷翻译出版奖组委会主席,法兰西道德与政治科学院外籍终身通讯院士;主要研究方向为法语、法国文学、法国艺术及中法文化;曾被法国政府授予教育骑士荣誉勋章和荣誉军团骑士勋章;出版《小说的艺术》《云的理论:为了建立一种新的绘画史》《弗兰西斯·培根:感觉的逻辑》等译著,将《论语》《李白诗选》译为法文,并与诺贝尔文学奖得主勒克莱齐奥合作出版《唐诗之路》。

赠言寄语

科技人文双翼

落霞孤鹜齐飞

非常感谢活动的举办方能邀请我来到这里，我今天感到特别高兴。昨天我还在北大的未名湖畔，今天就来到了滴水湖畔。我之所以想成为一名教师，就是因为我热爱年轻人，我希望自己能够保持比较年轻的状态。我经常能到见到年轻人，所以这二三十年来我都没怎么感觉到时间的流逝。

能成为北大滴水湖大讲堂的主讲人，我感到非常荣幸。大家都知道，我研究的是法国文化、法国文学。大家可能听说过，我是知名作家米兰·昆德拉的学生，我在法国也生活了很长时间。我曾在法国用法文创作并出版过一些作品，回国后，我也翻译过很多法国的文学作品，出版过一些有关法国文学的书。同时，我也在北大讲授有关法国文学的课程。一个人在进行专业研究的时候，肯定会有自己的兴趣点，艺术就是我最大的兴趣点，我也有幸结识了许多杰出的艺术家。其实艺术与文学之间的关系是十分紧密的，尤其是现当代的艺术和文学。

多年来，我的研究对象不仅局限于法国文化和法国文学，东西方文化的交流与互鉴也是我研究的课题之一。在法国的大学授课时，我也经常讲授有关中国文学和艺术的课程。我曾与诺贝尔文学奖得主勒克莱齐奥共同撰写过一部关于中国唐诗的著作，我希望中国文化能够在海外得到广泛的传播。令人惊喜的是，这本书在法国成为畅销书；在疫情期间，它依然连续数周跻身图书畅销排行榜前 10 名。在艰难时刻，中国的唐诗抚慰了法国人的心灵。

我想和大家探讨的主题是"从印象派到抽象主义"。我想大家对印象派都有一定的了解，它是法国乃至全球最重要的艺术流派之一。2004年，在中国美术馆举办的"法国印象派绘画珍品展"曾引起过巨大的轰动。这足以证明印象派在中国艺术爱好者心目中的重要地位。我们可以通过分析印象派的众多作品察觉到西方艺术家对东方的向往和对中国的憧憬。

一、序曲：19世纪之前的东西方交流

提及东西方交流，马可·波罗无疑是一个标志性的人物，他所写下的游记被称为《马可·波罗游记》。东西方交流在13世纪还比较少，并且学界对马可·波罗是否真的来过中国一直存有争议，但这本书无疑对后世产生了深远的影响，它让我们窥见了东西方交流的初步形态。

一般来说，文化交流通常需要商业、贸易的蓬勃发展和航海技术作为支撑。17世纪末至18世纪初，文明与文明之间的交流愈发频繁。这种交流不是单向的输入或输出，而是双向的启迪与借鉴。外来文化的出现常常给本土文化的发展带来新的视角和灵感，本土艺术家因此有机会将外来文化融入自己的作品中。总而言之，这种文明互鉴的力量是巨大的。

17世纪末至18世纪初，开展国际贸易是十分困难的。尽管如此，西班牙、葡萄牙等拥有先进航海技术的国家率先在亚洲建立起自己的贸易网络，甚至占领了一些土地。荷兰也在海上贸易中迅速崭露头角，成立了荷兰东印度公司，荷兰东印度公司的成立促进了欧洲与亚洲之间的贸易往来。在这一时期，中国与日本的物品被运往欧洲，这些物品往往被欧洲人视为宝贝，并引发了欧洲人对东方的好奇与想象。法国也不甘落后，于17世纪成立了法国东印度公司。

18世纪的法国人对日本的了解还非常少。虽然中国和日本都是亚洲国家，但是法国人似乎对中国更加好奇。这一点在当时法国启蒙思想家们所编纂的《百科全书，或科学、艺术和手工艺大词典》中得到了体现，其中有关中国的词条的文字量远远超过了有关日本的词条的文字量。然而，值得注意的是，尽管法国人对日本的了解有限，法兰西公学院却设

立了日语教席，日语教席的设立时间与汉语教席的设立时间相差不大。由于当时人们对中国和日本的了解还比较有限，很多人难以准确区分日本物品与中国物品；在某些情况下，日本和中国这两个国家的名字可以被互换使用。

我想给大家展示两张图片。其中一张图片展示的是路易十四收藏的双螭龙耳玉杯（见图4-1）。另一张图片展示的是绘有中国青花瓷容器的欧洲静物画（见图4-2）。我们可以看到，水果被盛放在具有中国风格的容器里。

图4-1 路易十四收藏的双螭龙耳玉杯

图4-2 欧洲静物画

我们可以先来了解一位 17 世纪末至 18 世纪初最重要的法国画家——让 - 安托万·华托。《舟发西苔岛》（见图 4-3）是华托的代表作之一，图中描绘的是一批年轻男女准备坐船去西苔岛的情形，西苔岛是传说中爱神维纳斯的居住之所。作品展现了当时法国的贵族男女幻想拥有一个无忧无虑的爱情乐园。

图 4-3　华托创作的《舟发西苔岛》

华托曾给自己画过一幅自画像（见图 4-4）。

华托还创作过一幅非常有名的作品，这幅作品的名字叫《热尔桑画店》（见图 4-5）。画商热尔桑是华托的好友。这幅作品展现的是当时法国上流社会人士纷纷前来欣赏和购买画作的景象。

图 4-4　华托的自画像

第四讲 从印象派到抽象主义——论 19 世纪、20 世纪中西艺术交融的尝试与成就

图 4-5 华托创作的《热尔桑画店》

图 4-6 展示的是一张张贴于热尔桑店铺的古老海报，从中我们可以看到店铺售卖的商品是多种多样的。海报上提到的"pagode"即英文中的"pagoda"，指的是塔。我们可以在海报的显著位置看到各种商品，其中不乏来自中国的商品，如茶壶、茶杯等。尤其引人注目的是海报左上角的人物雕塑，这件雕塑作品也具有十分鲜明的中国特色。

我们可能不了解热尔桑的店铺具体售卖的是哪些商品，但我们可以从同时期描绘其他店铺场景的画作中窥见一二。我们可以在图 4-7 中发现不少来自中国和日本的物品。

图 4-6 张贴于热尔桑店铺的海报

71

图 4-7　描绘店铺场景的绘画作品

华托的部分作品曾展现出他对中国的想象。这些作品主要用于装饰法国的城堡。有的作品展现的是中国人是如何弹奏乐器的，有的作品展现的是中国母亲是怎样教育孩子的。华托的创作主要依据的是旅行者和传教士的描述，并融入了自己丰富的想象。可惜的是，由于城堡后来被毁坏了，人们已经看不到华托的部分作品了，但华托的弟子们以版画的形式将他的作品进行了二次创作（见图4-8、图4-9）。

图 4-8　华托弟子二次创作的展现中国人弹奏乐器的绘画作品

图 4-9　华托弟子二次创作的展现中国母亲教育孩子的绘画作品

华托是一位拥有巨大影响力的大画家,他的创作形式不仅引领了当时的艺术潮流,还激发了其他西方艺术家的创作灵感。在这些艺术家中,有一位画家特别值得我们关注,他便是弗朗索瓦·布歇。布歇在某段时期对中国文化产生了浓厚的兴趣,几乎到了痴迷的地步。他通过丰富的想象,并结合耶稣会宗教人士的描述和带回的图片创作出了许多具有中国风格的作品。

布歇的作品刻画了中国渔夫、中国孩童等形象(见图4-10、图4-11)。同时,他画笔下的法国贵妇(见图4-12)也具有中国趣味。多种文化的融合使他的作品更具魅力。布歇的中国情结也使其在中法文化交流领域具有很高的知名度。

图4-10　布歇描绘的中国渔夫形象

图 4-11　布歇描绘的中国孩童形象　　　　图 4-12　布歇描绘的法国贵妇形象

图 4-13　皮耶芒描绘的中国人形象

在艺术史上,有一位艺术家长久以来一直被人们忽视,他便是对中国文化最感兴趣的法国艺术家之一——皮耶芒。他不仅将想象中的中国元素巧妙地融入欧洲的装饰元素中,还在创作过程中将当时在欧洲十分流行的洛可可风格与中国元素相结合。皮耶芒和布歇不太一样。布歇是一位大画家,他的作品涉猎题材广泛,他对中国的兴趣只停留在某个阶段;但皮耶芒对中国的兴趣似乎更为浓厚,他致力于描绘中国人的各种生活状态(见图 4-13),甚至编写了很多教人们画中国场景的教材。他如同一位人类学家,致力于通过图像展现和解读中国文化。他的作品甚至细致入微地描绘了中国的春夏秋冬。他创作的版画作品被保存在法国国家图书馆,这些作品展现了他对中国生活的丰富想象。

在皮耶芒的作品中，很多细节都体现了中国元素。他还描绘了自己想象中的来自中国的奇特船只和车辆（见图 4-14）。皮耶芒大胆而富有想象力的艺术创作使其作品充满了趣味性，同时也引发了法国人对中国装饰元素的兴趣。

图 4-14　皮耶芒描绘的来自中国的奇特船只和车辆

皮耶芒的例子反映了中国文化在欧洲艺术界的广泛影响力。有趣的是，到了 19 世纪下半叶，很多法国人开始追捧日本的艺术品，尤其是与浮世绘有关的艺术品，这些来自日本的艺术品常被人们误认为是中国的。

二、印象派与东方文化的碰撞

18 世纪至 19 世纪上半叶，日本长期处于闭关锁国的状态。日本明治维新运动的爆发使这一局面被打破。19 世纪中期，黑船事件爆发，美国舰队到达了日本，日本不得不与美国签订通商条约。19 世纪下半叶，日本文化和日本物品开始在欧洲流行起来。1867 年举办的巴黎世界博览会就设有日本展厅。有趣的是，当时的欧洲人难以区分来自日本的物品和来自中国的物品。图 4-15 所展示的海报就是一个很好的例子。当时,"中国之门"是法国最著名的商店之一,这家商店里也摆放了大量的日本商品。我们可以看到,这张海报上写有"CHINOISE"一词,该词在法文中指代的是中国。这张海报所描绘的女性形象展示了当时的欧洲人对东方女性具体形象的想象。我们可以看到,当时的欧洲人对东方文化有着浓厚的兴趣。

图 4-15 "中国之门"海报

众所周知,瓷器是中国文化的标志之一,英文中的"China"一词既可用于指代中国,也可用于指代瓷器。许多国家都希望掌握制作瓷器的技术和方法。17 世纪,一位名为酒井田柿右卫门的日本手工艺大师烧制出了一种具有日本特色的瓷器。这种日本瓷器与中国瓷器虽在细节上有所不同,但欧洲人难以分辨两种瓷器的区别。这种日本瓷器在欧洲备受欢迎。然而,真正对欧洲艺术产生深远影响的并不是这种昂贵的瓷器,而是印在包装纸上的浮世绘。

在欧洲,浮世绘最早出现在瓷器的包装纸上。浮世绘起初并没有引起人们的关注,但是一些独具慧眼的艺术家在打开这些包装纸后发现,其使用的色彩与表现的内容丰富多彩,于是他们就开始收集这些包装纸,并试图模仿浮世绘的表现手法。这种新的艺术形式与欧洲艺术家描绘人物和风景的传统表现形式截然不同。

图 4-16 所展示的浮世绘作品类似于如今的漫画,该作品的作者是日本画家葛饰北斋。葛饰北斋的作品笔触细致精妙,他热衷于通过浮世绘

作品展现当时江户市民的生活风俗，并在其中反映出劳动者的勤奋和大无畏的精神。最早对浮世绘感兴趣的法国艺术家是布拉克蒙，他很擅长版画创作，日本的浮世绘画家也常常以版画的形式进行创作。

图 4-16　葛饰北斋创作的浮世绘作品

葛饰北斋曾创作过不少以风景为题材的作品，最为人们熟知的一幅风景画就是《富岳三十六景》系列作品中的经典之作——《神奈川冲浪里》（见图 4-17）。

图 4-17　葛饰北斋创作的《神奈川冲浪里》

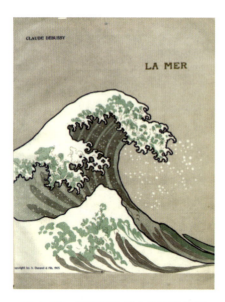

图 4-18　德彪西音乐会的宣传海报

日本浮世绘不仅对欧洲印象派画家的艺术创作产生了直接影响，也对欧洲音乐家的艺术创作产生了一定的影响。葛饰北斋创作的浮世绘作品《神奈川冲浪里》给法国著名作曲家德彪西带来了创作灵感，在这幅作品的启发下，他创作出了著名的交响曲《大海》。图 4-18 是德彪西音乐会的宣传海报，右上角写着法语"LA MER"（大海），左上角写有德彪西的名字。我们可以看到，海报中的大海与《神奈川冲浪里》中的大海几乎一模一样。

当时，法国艺术家亨利·里维埃也被《富岳三十六景》的独特魅力所吸引。他受到葛饰北斋作品的启发，创作了体现法国风情的浮世绘作品——《埃菲尔铁塔三十六景》。图 4-19 便是《埃菲尔铁塔三十六景》系列作品中的一幅。亨利·里维埃在创作中运用了与《富岳三十六景》相似的表现手法。

图 4-19　亨利·里维埃创作的《埃菲尔铁塔三十六景》系列作品中的一幅

莫奈是法国印象派的代表人物之一，其作品同样深受浮世绘艺术的影响。他的花园中有一座别具一格的桥，这座桥被称为"日本桥"。莫奈画笔下的睡莲大多都生长在这座桥下的池塘里，他时常邀请朋友们一同来池塘边画睡莲。图4-20就是莫奈所创作的《睡莲池塘和日本桥》。

图4-21是莫奈的名作《穿和服的卡米尔》，这幅画描绘的是一位身着日本和服的西方女性，我们还能够在和服上看到具有日本浮世绘风格的人物。画中的这位女子是谁呢？她是莫奈的夫人。

我们再来看看梵高的绘画作品。图4-22是梵高为好友创作的一幅肖像画——《唐吉老爹》，背景中的图案展现了日本浮世绘作品的独特风格。

图4-20　莫奈创作的《睡莲池塘和日本桥》

图4-21　莫奈创作的《穿和服的卡米尔》

图4-22　梵高创作的《唐吉老爹》

图 4-23 展示的是日本浮世绘画家歌川广重创作的《龟户梅屋铺》，图 4-24 展示的是梵高临摹的作品。梵高在完全不懂日语和汉语的情况下给自己的临摹作品配上了文字。

图 4-23 歌川广重创作的《龟户梅屋铺》

图 4-24 梵高临摹的《龟户梅屋铺》

图 4-25 雷诺阿创作的《持扇的少女》

当时的法国人对日本文化兴趣浓厚。在法国艺术界，一场被称为"日本主义"的艺术热潮悄然兴起。在此过程中，众多引人瞩目的优秀作品不断涌现。

不少印象派画家的作品中出现了日本元素，尽管这些艺术家的创作风格通常被认为未明显受到日本文化的影响。比如，在雷诺阿的油画《持扇的少女》（见图 4-25）中，女孩手持的那把扇子就具有日本风格。

爱德华·马奈也是一位著名的印象派画家。《埃米尔·左拉像》（见图4-26）是他为著名的法国作家埃米尔·左拉画的一幅肖像画。埃米尔·左拉是自然主义文学流派的领袖。在这幅作品中，墙上的挂画描绘了日本武士的形象。

通过上面的例子我们可以看到，东西方文化的交流是双向的，而不是单向的。东方在向西方学习，西方也在向东方学习，这其实是文明交流的一大特征。人们都有模仿和学习的天性，艺术家们在模仿和学习的过程中会慢慢地形成自己独特的艺术风格。

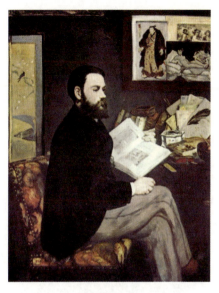

图4-26　爱德华·马奈创作的《埃米尔·左拉像》

除了受到日本艺术作品的熏陶外，欧洲艺术家们还从远道而来的日本艺术家身上汲取灵感，深入了解日本艺术的独特风格，并将其巧妙地与新艺术风格相融合。在文化交流的过程中，日本艺术家高岛北海（见图4-27）扮演了重要的角色。作为文化交流的使者，他并未前往艺术之都巴黎，而是来到了位于法国东北部的南锡。在南锡生活的数年间，高岛北海与众多法国艺术家建立了深厚的友谊，他的艺术理念也对当地艺术家产生了深远的影响。

高岛北海所创作的山水画（见图4-28）与中国山水画虽源自不同流派，但两者在表现手法上却有着异曲同工之妙。中国山水画大师傅抱石在日本学习期间对高岛北海的画法赞誉有加，

图4-27　高岛北海

图4-28　高岛北海创作的山水画

图4-29　埃米尔·加莱设计的器皿

并认为其对山水的刻画尤为出色。因此，傅抱石特意将相关图书带回中国，并翻译成中文，以便更多中国艺术家能够了解并学习高岛北海作品中所蕴含的艺术精髓。从这一文化交流的案例中，我们可以看到法国艺术家、日本艺术家和中国艺术家在艺术创作领域联系紧密。法国艺术家埃米尔·加莱设计的家具和器皿（见图4-29）就受到了高岛北海艺术风格的启发。

我想大家应该都知道傅抱石，他是中国现当代杰出画家之一，其艺术成就备受赞誉。早年家境贫寒的他在徐悲鸿的帮助下赴日本深造。傅抱石深入研究并编译了高岛北海所著的《写山要诀》（其译著名为《写山要法》）。傅抱石在日本接触到高岛北海的著作后深受启发，将其中的皴法技巧、地质观察方法与自己的创作理念相结合，形成了自己独特的艺术风格。这一过程充分展示了文化交流的丰富性和多元性，我们也可以看到文化在交流、传播中的演变和发展。傅抱石能够成为一代大师，与其超越国界的国际视野和对艺术的深刻理解密不可分。

三、走向抽象主义

20世纪无疑是一个充满变革的时代，它既与我们紧密相连，又似乎与我们渐行渐远。如今，我们已步入21世纪，但我们似乎对20世纪的艺术理解得并不充分。20世纪最显著的特点之一就是破坏与创造并存，这种破坏与创造是现代化带来的。20世纪所提倡的自由与解放使很多艺术家在艺术创作领域取得了巨大的成就。

实际上，很多杰出的画家都是宫廷画家，他们的创作在很大程度上受到了宫廷画风的影响。到了20世纪，毕加索、康定斯基等众多艺术家开始以独立、自由的精神个体的身份出现在艺术创作领域。在这一时期，资本对艺术创作的制约也越发明显。与此同时，20世纪的社会变革也推动了交通方式的变革。飞机、火车等交通工具的普及使人们可以更为便捷地离开自己的国家，前往其他国家留学或旅行。这在一定程度上促进了文化的交流与融合。

我想先向大家介绍一下奥古斯特·罗丹，他是法国著名的雕塑家，他的作品对现当代艺术的发展影响深远。罗丹对东方艺术情有独钟，他晚年的艺术创作也受到了中国艺术和日本艺术的影响。图4-30是他的雕塑作品《地狱之门》。

图4-30 罗丹创作的雕塑作品《地狱之门》

罗丹对中国和日本的艺术品有着浓厚的兴趣。我曾有幸亲眼见到他收藏的一尊来自中国的观音像（见图4-31）。他的工作室（见图4-32）里陈列着他创作的各种作品，他的很多作品都融入了东方元素。

图4-31　罗丹收藏的中国观音像

图4-32　罗丹的工作室

罗丹在创作后期对一位名为花子（见图4-33）的日本舞女产生了浓厚的兴趣。尽管花子长相平平，但她在跳舞时所展现出的独特灵性深深吸引了罗丹。为了捕捉并呈现花子的魅力，罗丹根据花子的形象创作了大量的雕塑作品。其中，雕塑作品《花子面具》（见图4-34）十分有名，这件作品也在日本和法国的艺术交流史上有着重要的地位。日本作家森鸥外创作的短篇小说《花子》记录了罗丹和花子的故事。

图4-33　日本舞女花子

图4-34　罗丹创作的雕塑作品《花子面具》

第四讲　从印象派到抽象主义——论19世纪、20世纪中西艺术交融的尝试与成就

我还想向大家介绍一位我非常喜欢的艺术家，他是罗马尼亚裔法国雕塑家康斯坦丁·布朗库西。布朗库西曾说，一棵大树的底下很难再长出另一棵大树。我认为这句话深刻地揭示了艺术创作的真谛——艺术家应当拥有自己独特的艺术风格，而不应当盲目地追随大师。布朗库西曾跟随罗丹学习，但没过多长时间，他便离开了。如果大家有机会去巴黎的乔治·蓬皮杜国家艺术文化中心，可以看到有一个工作室是以布朗库西的名字命名的，他将自己的很多作品都捐赠给了这家艺术文化中心。

罗丹所创作的《吻》（见图4-35）无疑是雕塑史上的经典之作，它以生动的形态和丰富的细节展现出了恋人之间的情感。然而，当我们把目光投向布朗库西创作的《吻》（见图4-36）时，会感受到一种截然不同的艺术风格。这件作品的艺术风格十分抽象，布朗库西没有对细节和具象形态着重进行刻画，但简约的线条和形态表现出了恋人之间纯粹的情感。我们还能从布朗库西的《吻》中感受到一种原始的气息。

图4-35　罗丹创作的雕塑作品《吻》

图4-36　布朗库西创作的雕塑作品《吻》

说到布朗库西，就不能不提到美籍日裔艺术家野口勇。野口勇师从布朗库西，他非常喜欢布朗库西的艺术风格。野口勇有着特殊的家庭背景。他的母亲是一位美国女作家，他的父亲则是一位日本诗人。由于父母并

未结婚,他的父亲一直不肯承认他是自己的儿子。野口勇曾在日本生活过一段时间,之后随母亲移居美国。起初他选择学医,但后来他决定投身于雕塑艺术领域。他的勤奋与才华使他获得了古根海姆奖学金。在获得奖学金后,野口勇前往巴黎并师从布朗库西。后来,他在美国举办了一场个人雕塑展,他的雕塑作品受到了人们的广泛关注。

为了寻访东方艺术,也为了寻找父爱,野口勇决定前往日本,但最终遭到了生父的拒绝。1930年6月,野口勇从巴黎出发,辗转到了北京。他曾在北京居住了半年多的时间。在这段时间里,他结识了齐白石。北京深厚的文化底蕴和浓厚的艺术氛围深深吸引了野口勇。他对古董店和书画店十分着迷,对中国的唐三彩也充满了兴趣。当时北京的物价相对较低,这使并不富裕的野口勇在中国生活得很自在。他在北京的大羊毛胡同租了一套宽敞的房子,甚至雇用了人力车夫、男仆和会说法语的厨子。野口勇在给母亲的信中提到,虽然父亲不欢迎他去日本,但北京给了他爱与温情。在北京,野口勇得到了齐白石的热情招待。齐白石不仅向他传授了中国艺术的精髓,还让他观摩自己的创作过程。

齐白石和布朗库西这两位艺术大师对野口勇的创作风格产生了深远的影响。在他们的影响下,野口勇对艺术有了新的认识,他也找到了自己独特的创作风格。在齐白石的指导下,野口勇领悟到了线条的重要性及外形的脆弱性。他懂得了艺术创作不应过分强调外形,而应更加注重表现作品的内在神韵。布朗库西在创作中所强调的对精神性的追求也给了野口勇很大的启发。在中日法三国文化的影响下,野口勇成了一位伟大的艺术家,这也是我想和大家分享的东西方艺术相融合的典型案例。

提到东西方艺术的融合,就不能不提到华裔法籍画家赵无极。我个人非常欣赏赵无极的作品,他的作品将东西方艺术完美地融合了起来,既大气又富有深度。赵无极无疑是在东西方艺术融合方面做得最为出色的艺术家之一。他能够取得如此高的艺术成就,与他和法国诗人、画家亨利·米修的深厚友谊有着密不可分的联系。亨利·米修生于1899年,他比赵无极大20多岁。赵无极初到法国时还默默无闻，但亨利·米修在当时已经声名显赫。然而，亨利·米修独具慧眼，发现了赵无极的艺术潜力，并给予了他许多宝贵的建议。亨利·米修出生于比利时，后来他选择留在了法国，他与中国有着很深的缘分。20世纪30年代，他游历了印度、日本、中国等国家，并将自己的经历与感受凝结为一本游记——《一个野蛮人在亚洲》。在西方人的传统观念中，西方文明比东方文明优越；但亨利·米修却反其道而行之，他称自己为"野蛮人"，并认为在亚洲见到的印度人、日本人和中国人才是真正的文明人。图4-37就是亨利·米修创作的一幅绘画作品。

在游历了亚洲各国之后，亨利·米修对东方艺术产生了浓厚的兴趣，他对中国的水墨画和水彩画也情有独钟。他一直希望用新的表现手法来展现自己的内心世界。在这个时候，他恰好遇到了年轻的赵无极。亨利·米修发现赵无极的创作手法与中国传统绘画作品所展现的创作手法截然不同，赵无极的作品充满了强烈的个性，并具有现代艺术的特征。在法国，有一本书（见图4-38）详尽地记录了亨利·米修与赵无极之间的故事。

图4-37　亨利·米修创作的绘画作品

图4-38　一本记录了亨利·米修和赵无极之间故事的书

在亨利·米修的鼓励下，赵无极开始更为深入地审视中国艺术。赵无极原本深受西方艺术的影响，钟爱马蒂斯、毕加索等大师的作品；然而，在与亨利·米修相遇后，他突然发现中国本土艺术同样值得被深入探究。这两位艺术家的相遇是如此传奇。在赵无极深入研究中国文化后，他的作品中出现了与青铜器上的铜锈相似的图案和色彩，并融入了米芾的书法等元素。他的创作也受到了抽象派艺术大师的创作风格的影响。多元艺术元素的相互融合使赵无极逐渐形成了自己独特的艺术风格。与此同时，亨利·米修也在赵无极的影响下继续开展自己的艺术创作。亨利·米修创作了大量具有中国韵味的作品，这些作品呈现出一种独特的艺术美感。图4-39是亨利·米修创作的一幅作品。我们可以看到，亨利·米修的作品与徐冰的作品《天书》有些类似，但在风格上又有所不同。当我们看到中国的书法时，往往会想到正楷、行书、草书等传统的书法形式。我们很难想象一位出生于比利时的法国诗人在接触到中国文化后能够创作出如此独特且富有韵律感的作品。国外的一个现代舞蹈团还根据亨利·米修的作品编排了一支舞蹈，舞台的背景展示的就是亨利·米修的作品。

图4-39　亨利·米修创作的作品

2020年，亨利·米修的作品来到了中国上海，上海当代艺术博物馆举办了一场名为"米修与木心"的展览，我也是策展人之一。在开展的前一天，我和木心美术馆馆长陈丹青、菲利普·杰奎琳博士参加了展览开幕论坛，我们在论坛上共同探讨了木心与亨利·米修这两位来自东西方的艺术家是如何以一种奇妙的方式相遇的。那场论坛的主题是"木心没去过法国，米修来了"。

这种意想不到的文化交融是可遇而不可求的，刻意地交融可能无法达到这种效果。这种意想不到的文化交融需要那些具有创新精神的个体跨越文化理解的界限，并与他人相遇。在现代社会，交流的便捷性使这种相遇变得更为容易。我记得，我们举办的这场展览成了当时在上海最受欢迎的展览之一。虽然那场展览是在疫情期间举办的，但仍有很多观众前来参观。作为展览的中方策展人，我深感自豪。这次展览不仅展示了中西方艺术的交融，更体现了文明互鉴的重要性。近现代以来，东西方的文化交流日益频繁，这也在一定程度上拓宽了人们对世界的认知和想象。我们不应该害怕差异，因为差异并不意味着隔阂。相反，差异有时能给我们提供互补、互鉴的机会，从而促进我们本土文化的发展。

在前面的讨论中，我为大家介绍了一些印象派和抽象派的艺术家。我喜欢在大学工作，我在工作和研究的过程中总会有新的发现。此外，我也有机会策划各种展览。策划"米修与木心"这场展览也源于一次偶然。当时有一位法国朋友希望在中国举办一场展览，他看到了木心的作品，觉得木心与亨利·米修的创作风格有相似之处。那位法国朋友向陈丹青馆长提出了这个想法，但陈馆长对亨利·米修并不了解。这位法国朋友向陈馆长提到了我，他认为我对亨利·米修的作品了解得比较深入。陈馆长随即联系我，希望我能参与这次展览的策划工作，我欣然接受了这次邀请。我经常告诉我的学生们，我们需要不断地积累知识和经验，在某个不经意的时刻，这些知识和经验会为我们带来很多惊喜，这就是做学问的乐趣。

实际上，抽象画的艺术形式往往令人难以捉摸。许多人表示自己看不懂抽象画，不明白这些画作究竟要表达什么。我恰好对抽象画有着浓厚的兴趣，虽然我也不能完全理解其中的深意。也许正是这种共同的困惑让我更能体会到欣赏抽象画的乐趣。研究一位艺术家的方式是多种多样的，而我找到了一种独特的方式,那就是阅读他所写下的文字。赵无极曾写过一部《赵无极自传》。他在这部自传中提到:"我渐渐明白,我的画反映着我的经历。"①这句话让我深受启发。赵无极的画作是抽象的,这与他的个人经历联系紧密。

赵无极曾提出一个非常重要的观点。他在《赵无极自传》中提到:"我觉得诗与画的表达方式本质相通,都传达生命之气,画笔在画布上的运动是这样,手在纸上写字时的运动也是这样。两者都是表现而不是再现宇宙所隐含的深意。"②他特别强调了"表现"与"再现"之间的差别,这一点值得我们深思。"表现"与"再现"虽然只有一字之差,但意义却大不相同。我们常说,一部文学作品能够再现一个时代,比如茅盾的《子夜》就再现了他心目中20世纪初的上海。然而,表现强调的是表达,它更强调艺术家如何运用创作手法去展现自己的内心世界和对世界、宇宙的感知与理解。在艺术创作中,只有有了实际的参照对象,艺术家才能进行再现,例如画家在画肖像画时需要根据模特的形象进行创作。英国当代画家卢西安·弗洛伊德为英国女王伊丽莎白二世画的肖像画(见图4-40)就很好地说明了这一点。虽然卢西安·弗洛伊德的画作在很多人看来可能并不符合传统的审美标准,但女王本人却非常喜欢这幅画。这是因为卢西安·弗洛伊德通过他独特的表现手法成功地捕捉到了女王的内在特质,而不仅仅是她的外在形象。因此,对于

图4-40 卢西安·弗洛伊德为英国女王伊丽莎白二世创作的肖像画

---

① 赵无极,弗朗索瓦兹·马尔凯.赵无极自传[M].邢晓舟,译.上海:文汇出版社,2002:63.

② 同①:38.

一个艺术家而言，最重要的不是再现，而是表现。

在这本自传中，赵无极将自己的艺术生涯划分为不同的阶段，并在书中描述了自己经历过的重要事件和内心的情感波动。亨利·米修也写过一本类似的书，其译名为《五十九岁简历》。他在这本书中向读者分享了自己是如何从诗人逐渐转变为画家的，以及绘画是如何影响他的诗歌创作的。这也从侧面展现了亨利·米修对赵无极的影响。

20 世纪 80 年代，赵无极受邀前往浙江美术学院（现更名为中国美术学院）授课。他发现当时中国学生的创作风格普遍受到苏联油画风格的影响，过于注重形体和写实。他发现学生们都在努力地去再现，而不懂得如何表现。赵无极努力向学生们传授着他的艺术理念，他的艺术理念影响了一批又一批的学生，包括中国美术学院前院长许江在内的许多艺术家都受到了其艺术理念的启发。赵无极曾在《赵无极自传》中强调："谁能了解，我花了多少时间来领悟塞尚和马蒂斯，然后再回到我们传统中我认为最美的唐宋绘画？——整整五十年的工夫！"[1]

我认为赵无极是一位真正的大师。他先是受到塞尚、马蒂斯等大师的影响。理解这些大师的艺术理念并非易事，这需要他付出大量的时间和精力；然而，赵无极却坚持不懈，并在此过程中逐渐领悟到唐宋绘画的境界和深刻内涵。赵无极曾明确表示："我极不喜欢'再现'自然，有些人在谈论我的绘画时把它看作风景，我便深感不被理解，即使对方是我很信任的好朋友。"[2]实际上，他早期创作的一些作品与风景画类似，特别是那些具有敦煌壁画风格的画作。

赵无极也曾表示："到巴黎后，我决定不再画水墨画，我不想搞'中国玩意儿'。"[3]他为什么会这么说呢？因为他不愿意重复 18 世纪西方人眼中固化的"中国趣味"或"中国风"。他要追求的是艺术的本质。

---

[1] 赵无极，弗朗索瓦兹·马尔凯.赵无极自传[M].邢晓舟，译.上海：文汇出版社，2002：32.

[2] 同①：11.

[3] 同①：33.

赵无极在巴黎拥有属于自己的朋友圈，他的朋友都是世界各地的艺术家。这些艺术家后来都在艺术界取得了显著的成就。他的妻子曾好奇地问他："为什么你一到巴黎就结交了那些现在美术馆竞相展览、出版社竞相为之出书的艺术家，还有那些现在都成了大作家和名医的朋友呢？巴黎很大，他们可并不是集中在一个房间里的。"①

当时，有一位叫里奥佩尔的加拿大艺术家和赵无极有很深的感情，里奥佩尔去世以后，赵无极为里奥佩尔画了一幅画，这幅画的名字是《致敬我的朋友里奥佩尔》。这幅画在加拿大展出时，一位博物馆馆长在展览的序言中提到，里奥佩尔和赵无极都是抽象派画家，里奥佩尔的画让人感觉到加拿大的飓风吹了过来，而赵无极的画能够让人们体悟到东方宇宙的魅力。赵无极还受到了瑞士著名画家保罗·克利的影响，赵无极的早期作品以风景画为主，后来他开始创作更多的抽象作品。赵无极在自传中也提到了保罗·克利，他写道："他对中国绘画的了解和喜爱是显然的。从这些描绘在多重空间里的小小符号中，浮现出一个令我叹为观止的世界。"②他还表示："西方绘画——眼前这幅画是最纯粹的例子——就是这样借鉴了一种我所熟悉的观察方式，而这种方式曾使我疑惑。"③

在接触到亨利·米修和保罗·克利等艺术家之后，赵无极开始重新审视中国传统艺术。这一转变标志着他的思想境界达到了一个新的高度。他曾表示："我试图说明，不应像我过去那样否定传统，那是画家创作的起点因素之一，而并非终点。"④我认为艺术家要有自己独特的艺术品格，要有敢于否定的勇气，但艺术家也不能什么都否定，对传统的重新认识和尊重也是很重要的。在《赵无极自传》中，赵无极也提到了亨利·米修。"米肖为我在纽约布迟(Patti Birch)画廊第一次展览所作的图录序言中也这样说：'欲露还掩，似断还连，颤抖的线条描绘出遐思的漫游和跃动，

---

① 赵无极，弗朗索瓦兹·马尔凯. 赵无极自传[M]. 邢晓舟，译. 上海：文汇出版社，2002：36.

② 同①：55.

③ 同②.

④ 同①：31.

这便是赵无极所喜欢的。忽然间，画面带着中国城镇乡村的节日气氛，在一片符号中，快乐而滑稽地颤动。''符号'，正是在这里，这个词第一次出现。"①

赵无极还曾经于1972年创作过一幅名为《纪念美琴》的画作。陈美琴是赵无极的第二任妻子，她的离世给赵无极带来了深深的痛苦，于是他通过创作这幅抽象画来纪念她。

我认为抽象艺术本身就是一种表现，而不是再现。在欣赏赵无极的《纪念美琴》时，我们不必过分纠结于画作描绘的是头发还是山峦，因为抽象艺术表达的是一种情绪，它就和音乐一样，不依赖于具体的物象。音乐中的"哆来咪发"不与生活中的任何具体事物对应，但我们却能在音乐中感受到高山流水的意境。

图4-41是我在一场巴黎的展览上拍摄的。这幅《向克劳德·莫奈致敬》是赵无极于1991年创作的。在展览上看到这幅画的时候，我被它深深地震撼了。我认为赵无极的这幅作品很好地展现了莫奈的艺术创作精髓。然而，令人惊奇的是，我们在画中几乎找不到莫奈的痕迹。这恰恰展现了一位伟大画家将不同艺术风格结合起来并进行再创作的能力。赵无极的作品展现出了莫奈对东方宇宙的独特诠释，他通过自己的方式将其表达了出来。

图4-41　与《向克劳德·莫奈致敬》的合照

---

① 赵无极，弗朗索瓦兹·马尔凯. 赵无极自传[M]. 邢晓舟，译. 上海：文汇出版社，2002：54.

在创作过程中，赵无极还在形式上进行了诸多创新尝试。他在作品中巧妙地运用了中国传统的椭圆形和扇形的艺术形式。此外，他善于运用中国传统的折页形式，并创作出了别具一格的折页作品。他最喜欢运用三折的表现形式，他也在创作中运用过两折或四折的表现形式。

赵无极对色彩的运用也十分精妙，他在这方面深受马蒂斯、塞尚、毕加索等西方艺术大师的影响。中国古代绘画以黑白两色为主，即便艺术家在创作过程中使用了其他颜色，也往往局限于在青山绿水中添加一些简单的色彩；然而，吸取了东西方艺术精髓的赵无极将对色彩的运用提升到了全新的高度。我在与许江院长交流时，他提到赵无极曾对学生作品的色彩运用提出过建议，赵无极还特地从巴黎寄来了法国的油彩，建议许江院长尝试使用。

色彩与空间的完美结合成就了赵无极独特的艺术风格。把赵无极的作品与其他抽象派艺术大师的作品进行比较后，我们就能感受到其作品的艺术特色。蒙德里安、尼古拉斯·德·斯塔尔、谢尔盖·波利雅科夫等西方抽象派大师的作品多以格子、鲜明的色彩和简洁的分割为主要的表现形式；而赵无极的作品则截然不同，他的作品呈现出的是一种道教式的开天辟地的景象，充满了东方哲学的韵味。赵无极的作品让我想起了伟大的法国象征主义诗人兰波的作品中那句著名的诗句："找到了！什么？永恒。那是太阳与海交相辉映。"我们确实能在赵无极的画作中感受到这种永恒的力量。

以上就是我想与大家分享的内容，谢谢大家！

湖畔论道

提问者：

您好，我是来自临港新片区的企业代表。听了董教授的讲座后，我深受启发。我认为法国艺术家在描绘想象中的东方时，往往更多的是基于一种猎奇的心态，这种心态可能在无形中受到了西方中心主义的影响。然而，在欣赏赵无极先生的作品时，我感受到了他对中国传统文化的深刻理解。他的作品似乎达到了古人所说的"天人合一"的境界，这与北大的杨立华教授所描述的北宋或南宋时期文人的心境和境界非常契合。刚刚我提到了过去存在于西方世界的西方中心主义。您觉得这种西方中心主义还存在于当前的东西方文化交流中吗？

董强：

我觉得您的理解是非常准确的。确实，18世纪在欧洲流行的"中国风"和"中国趣味"主要源于人们对东方文化的好奇，当时的欧洲艺术家可能并不了解中国文化的内核。赵无极先生则选择摒弃这种表面上的模仿，他追求的是更深层次的东西。他致力于将唐宋时期作品中的那种高远境界融入自己的作品之中。西方国家对中国的了解是一个逐渐深入的过程。总的来看，汉学研究在法国已经有200多年的历史了，但很多法国人对中国的了解依然是比较片面的。这也是我与勒克莱齐奥合作编写了那本《唐诗之路》的原因。

20世纪70年代，著名学者程抱一在法国出版了有关中国诗歌的著作，其著作受到了人们的喜爱，但我认为我们需要以一种更为新颖、更为深入的方式诠释中国文化。我认为西方中心主义的出现是难以避免的。毕竟，许多西方的艺术家和学者在艺术、科学等领域确实取得了卓越的成就。与此同时，我们也要认识到，亨利·米修能写出《一个野蛮人在亚洲》这样的作品是很让人惊讶的。中西方文化的交融是一个复杂而漫长的过程，这需要我们的共同努力。

在交流的过程中，赵无极先生为我们树立了一个典范。他深知，要想实现真正的交融与交流，就必须先深入了解对方的文化。我们只有真正了解并尊重对方的文化，才能在此基础上提出自己的见解。当我们在了解对方的基础上展现本国文化的独特之处时，对方自然会尊重我们，并且更愿意了解我们。到了那个时候，我们就可以与他们进行平等的对话了。这是我们一代又一代作家、艺术家、学者需要去努力争取的，这也是我一直致力于中法文化交流的原因。20世纪80年代，我还在北大求学，那时我们常说"从我做起，从现在做起"，这句话至今仍然适用。我们应当付诸实践，用自己的行动去展示和证明中国文化的魅力。这就是我的回答。谢谢！

提问者：

非常感谢董教授为我们带来的这场讲座。我是来自上海电力大学的一名学生。董教授的讲座让我对法国文学和法国艺术产生了浓厚的兴趣。您是致力于中法文化交流的学者，而且也是一位翻译家。如果想请您推荐一本您自己翻译的著作的话，您会推荐哪一本呢？

董强：

谢谢您的提问。大家可能知道上海浦东新区有一个叫周浦镇的地方，翻译家傅雷先生的故居就在那里。傅雷先生在国内和国外都享有盛誉。我非常尊重傅雷先生，也很高兴能担任傅雷翻译出版奖组委会主席。我认为我们这一代人是翻译的受益者，大量国外的优秀作品被翻译成中文，这使我们能够更好地了解世界并学到更多的知识。

回国后，我发现我国的翻译事业似乎有衰落的迹象。许多人轻视翻译工作，而且在大学中，翻译成果往往不被视为学术成果。这导致翻译工作者的待遇普遍较差，这在我看来是一大遗憾。因为一个文化

第四讲　从印象派到抽象主义——论19世纪、20世纪中西艺术交融的尝试与成就

强国必然是翻译强国，中国只有成为翻译大国，才能与这个世界保持同步。每当我看到一本好书被糟糕的翻译毁了的时候，那种内心的痛苦真是难以言表。你们可能很难想象，一个作家要付出多少努力才能形成自己的写作风格，但他们的作品却可能因为翻译不当而失去原有的特色。更糟糕的是，一家公司如果购买了某本书的版权并翻译出版，市场上就很难再出现第二个版本。这就造成了一种可怕的状况。我曾在四五年间连续翻译了二三十本书。当时，有很多人称我为"拼命三郎"。

傅雷翻译出版奖是法国驻华大使馆于2009年设立的，设立这个奖项的目的是鼓励更多的年轻人投身于翻译事业。如果翻译领域出现人才断层的情况，那么整整一代人都会因此受到影响，人们就无法接触到那些真正优秀的作品。一些作品的翻译难度是很大的，我在翻译某几部作品时，出版社甚至难以找到第二位译者。举例来说，我曾经翻译过《论语》。将孔子的《论语》翻译成法语是一项极其艰巨的任务。孔子的思想深邃而博大，要将孔子的思想用法语表达出来，其难度可想而知，但是我最终还是完成了这项任务。后来，很多法国的硕士和博士在写论文的时候都会参考我所翻译的《论语》。

在从法语翻译为中文的作品中，有几部是我比较引以为豪的。其中一部作品是《西方美术大辞典》。翻译这部《西方美术大辞典》是一项艰巨的任务，但我却乐在其中。通过翻译这部辞典，我对西方美术了解得更为深入了。因为在翻译的过程中，我需要对每一位画家、每一部作品都有所了解。另一部令我骄傲的作品是我所翻译的米兰·昆德拉的《小说的艺术》。这本书被誉为20世纪最重要的文学理论著作之一，许多大作家都将其作为床头书。我有幸在一次讲座中遇到了著名作家王安忆，当她得知我是米兰·昆德拉的学生并且翻译了《小说的艺术》时，她感到特别高兴。我还翻译过一本书，书名为《弗兰西斯·培根：感觉的逻辑》，作者是吉尔·德勒兹。每当我出席艺术活动时，大家总会热情地迎接我。

他们会说："董老师来了，翻译吉尔·德勒兹的那本书的董老师来了，我们一定要请他吃饭。"因此，从事翻译工作让我交到了很多志同道合的好朋友。当译者的翻译水平得到读者的认可时，读者会自然而然地关注到译者。如果让我推荐一本我翻译过的作品，那我就推荐米兰·昆德拉的《小说的艺术》。

2023 年 11 月 23 日
（根据讲座录音整理，已经本人审阅）

第五讲

石窟与中国文化

杭侃

嘉宾小传

杭侃,北京大学考古文博学院教授、博士生导师,云冈研究院院长;曾任上海市历史博物馆副馆长、北京大学考古文博学院院长、山西大学副校长;兼任中国考古学会宋辽金元明清考古专业委员会主任、教育部历史学类专业教学指导委员会副主任、住建部科学技术委员会历史文化保护与传承专业委员会副主任、中国紫禁城学会副会长等。主要研究方向为佛教考古、宋元考古、文化遗产学。发表《云冈第20窟西壁坍塌的时间与昙曜五窟最初的布局设计》《河北定州两塔基出土净瓶的几个问题》《半月形地带与藏传佛教的传播》《试论唐宋时期椅子在中原地区的传播》《蒙元城址考古二题》《元青花起源之我见》等论文70余篇,著有《参差集》《东京梦:清明上河图》《永远的三峡》等;策划并组织了20多个大型展览的文本及图录编写工作。

赠言寄语

业精于勤

2020.1.17

大家好！我曾在上海市历史博物馆工作了4年，能有机会来到这里做讲座，我感到非常荣幸。我想和大家分享的主题是"石窟与中国文化"。

在思考这场讲座讲什么内容的时候，我想到了许多主题。云冈石窟研究的专业性非常强，所以我最终决定为大家介绍"石窟与中国文化"这个主题。

2020年11月，国务院办公厅印发《关于加强石窟寺保护利用工作的指导意见》（以下简称《意见》），这足以证明石窟寺在中国文化中的重要地位。《意见》指出："我国石窟寺分布广泛、规模宏大、体系完整，集建筑、雕塑、壁画、书法等艺术于一体，充分体现了中华民族的审美追求、价值理念、文化精神。"

佛教也被称为"象教"。在历史上，人们既通过口头讲经的方式传播佛教，也通过其他艺术形式传播佛教。在有关佛教的艺术门类中，雕塑是一种较为常见的艺术门类。我们常常把"雕"和"塑"连在一起说，但"雕"和"塑"实际上是两个概念。简单来说，"雕"是做减法，而"塑"则是做加法。

《魏书·释老志》一书中写道："太延中，凉州平，徙其国人于京邑，沙门佛事皆俱东，象教弥增矣。"我之所以引用《魏书·释老志》中的这句话，主要是因为其中出现了"象教弥增"这几个字。通过这段描述，我们了解到佛教在凉州十分盛行。凉州位于现今的甘肃省武威市，处于河西走廊地带，那里自古以来便是文化交流的重要通道。作为丝绸之路的重要节点，凉州有着浓厚的文化氛围。岑参在《凉州馆中与诸判官夜集》中写道："凉州七里十万家，胡人半解弹琵琶。"可见当时凉州城中胡人众多。

北魏的第三位皇帝是太武帝拓跋焘。公元439年，拓跋焘在北方纵横驰骋，最终统一了北方。为了进一步巩固统治，拓跋焘决定征服凉州。凉州作为丝绸之路的重要节点，拥有深厚的佛教文化底蕴。在北魏时期，凉州的许多人才迁至了平城，也就是现在的山西省大同市，迁至平城的人才中就包括在公元460年主持开凿了云冈石窟第一期工程的高僧昙曜。昙曜五窟不仅展现了雕刻者高超的雕刻技艺，更彰显了佛教文化的深厚底蕴。

《观佛三昧海经》中有这样一句话："此观佛三昧是一切众生犯罪者药。破戒者护，失道者导，盲冥者眼，愚痴者慧，黑暗者灯。"佛教艺术使信众能够凭借自己的眼睛直观地感受到佛教的庄严与神圣，从而更加虔诚地信仰佛教。与博物馆中的小环境展示不同，石窟艺术以其巨大的体量和独特的自然环境呈现出一种别样的艺术魅力。云冈石窟是皇家所开凿的，它是北魏政权集中了大量的人力、物力和财力，以其新兴民族的魄力创造出来的艺术典范。当时的文献用"真容巨壮，世法所稀""穷诸巧丽"等表述来描述云冈石窟。

国外学者将石窟艺术归为岩石艺术，而岩石艺术处于大自然中，所以保护岩石艺术是一项艰巨的挑战。在采集数据或开展保护工作的过程中，工作人员需要搭建脚手架。在攀爬到高处时，工作人员往往会主动摘下安全帽，因为大家担心触碰到头部上方的岩石。哪怕是最轻微的触碰都可能导致岩石碎片脱落，这充分说明了保护岩石艺术的艰巨性。不少人可能认为目前我国的石窟已经得到了很好的保护，实际情况其实并没有那么简单。虽然一些主要的石窟危岩体已经得到了加固，但风化等问题仍然存在。通过几十年的努力，我们解决了一些问题，但那些棘手的问题仍有待解决。与博物馆中的文物不同，石窟处于自然环境中，因此保护石窟的难度更大。

《大金西京武州山重修大石窟寺碑》中提到:"且物之坚者莫如石,石之大者莫如山,上摩高天,下蟠厚地,与天地而同久。"在山体上开凿出的石窟可以上接高天,下接大地,与天地同寿;因此,为了让佛法永远地流传下去,人们往往选择在山中开凿石窟,用石头雕刻佛像。此外,碑文还提到了可移动文物与石窟艺术的区别。《大金西京武州山重修大石窟寺碑》中提到:"与夫范金、合土、刻木、绘丝者,岂可同日而语哉!"这句话的意思是,无论是用金属铸造的佛像、用泥土塑成的佛像,还是用木头雕刻的佛像、在丝绸上绘制的佛像,都无法与石窟中的佛像相提并论。图5-1展示的是云冈石窟的第二十窟,这个石窟是昙曜五窟中较早被开凿的洞窟之一。我们可以通过图片看到,岩石艺术的体量是很大的,这种体量能给人们带来很强的视觉冲击。

图5-1 云冈石窟第二十窟

《魏书·释老志》写道:"昙曜白帝,于京城西武州塞,凿山石壁,开窟五所,镌建佛像各一。高者七十尺,次六十尺,雕饰奇伟,冠于一世。"此外,北魏郦道元在《水经注·漯水》中写道:"凿石开山,因岩结构,真容巨壮,世法所稀。山堂水殿,烟寺相望,林渊锦镜,缀目新眺。"这一描述让我们能够深刻感受到云冈石窟给当时的人们带来的强烈视觉冲击,与此同时,人们也感受到了岩石艺术的独特魅力。高僧道宣在《续高僧传·昙曜传》中写道:"龛之大者,举高二十余丈,可受三千许人,面别镌像,穷诸巧丽。龛别异状,骇动人神,栉比相连,三十余里。"

我的一位朋友是优秀的雕塑艺术家,他最初的专业是绘画。他在本科实习期间前往云冈石窟。看到第五窟的时候,他被深深地触动了,自此之后,他毅然选择将雕塑创作作为自己的终身事业。相信初次造访云冈石窟的朋友都会被那里的景象所震撼。

图 5-2 展示的是印度的阿旃陀石窟群,唐僧玄奘曾经造访过这里。阿旃陀石窟群也是在山体中被开凿出来的。阿旃陀石窟群的绘画和雕塑是佛教艺术的经典之作,具有相当重要的艺术影响力。阿旃陀石窟群于 1983 年入选《世界遗产名录》。

图 5-2　印度阿旃陀石窟群

其现存石窟(包括未完工的)共有 30 个。图 5-3、图 5-4、图 5-5 分别展示的是阿旃陀石窟群中的 1 号窟、2 号窟和 9 号窟。

图 5-3 阿旃陀石窟群中的 1 号窟

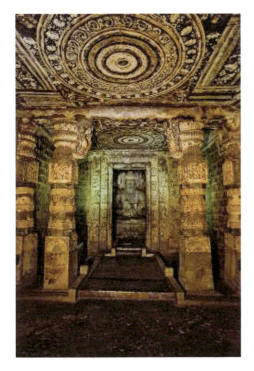

图 5-4 阿旃陀石窟群中的 2 号窟

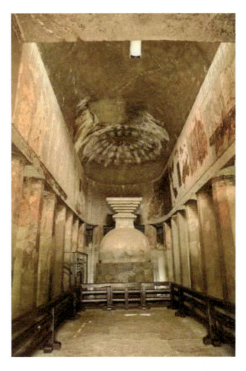

图 5-5 阿旃陀石窟群中的 9 号窟

图 5-6　印度埃洛拉石窟群

我们再来看看印度的埃洛拉石窟群（见图 5-6）。埃洛拉石窟群于 1983 年入选《世界遗产名录》。在陡峭的玄武岩壁上，30 多座洞穴庙宇被开凿了出来，一座挨着一座。这些保存完好、排列有序的遗迹可追溯至公元 600 年至 1000 年，这里分布着很多佛教遗迹。

印度的石窟寺是真正意义上的石窟寺，其内部空间与防空工事类似，整个石窟寺完全开凿于山体之中。印度的石窟寺是一个完整的建筑体系，其深藏于山中。我国的石窟虽然也是在崖边开凿出来的，但僧人居住的寺院往往在山上，因此，我国石窟寺的主要形式是"石窟+寺"。阿旃陀石窟群是印度石窟寺的典型代表。其窟型主要有两种：一种是中心有塔、两侧有回廊的塔庙型石窟，石窟内部设有塔心柱；另一种则是供僧人居住的僧房窟。阿旃陀石窟群体量庞大，这也展现了建造者在石窟建造方面的卓越技艺。埃洛拉石窟群融合了佛教、婆罗门教和耆那教等宗教的相关元素，显示了印度宗教文化的多元性与包容性。

佛教文化起源于古印度，经中亚地区传入中国，经消化与吸收之后，佛教文化成为中华传统文化的重要组成部分。从词汇的角度来看，许多佛教用语已经深深渗透到我们的日常语言中。例如，我们常常说"有缘"，这个词就源自佛教，它表达了人与人之间的某种特殊联系和缘分；再比如"觉悟"，这个词在佛教中有着重要的地位，它代表了人们对生命和宇宙的深刻理解与领悟。

中国石窟寺主要分布在四个主要区域，它们分别是新疆地区、西藏地区、中原北方地区和南方地区。佛教文化最早传入的是新疆地区，塔克拉玛干沙漠的两侧是受佛教文化影响的主要区域，这里的佛教艺术风格深受国外佛教艺术风格的影响。中原北方地区的石窟寺主要分布在河西地区、黄河流域甘宁段以东地区、陕西地区、晋豫及其以东地区。南方地区的石窟寺数量相对较少。不少人认为，佛教自西向东传播，经过河西走廊，最终传播到中原北方地区。佛教最早诞生于古印度，逐渐传播到中亚地区，并继续向东传播，但佛教的传播路线并不是一条简单的自西向东的路线。佛教的传播是一个多向的、复杂的过程，其中可能还包括自东向西的传播。

克孜尔石窟被人们视为佛教艺术来到中国的第一站。克孜尔石窟位于塔里木盆地的北侧，那里有一个名为龟兹的城邦。龟兹国在西域的众多小城邦中实力较强，不仅扼守着交通要道，还盛产铁矿。佛教艺术与当地文化的融合造就了克孜尔石窟的佛教艺术。

图 5-7 展示的是克孜尔石窟的菱形格图案，特殊的构图方式使画面具有极强的装饰性。图 5-8 展示的是克孜尔石窟中的一幅具有飞天形象的壁画，这幅壁画中的飞天形象与中原北方地区壁画中的飞天形象具有不同的特点。

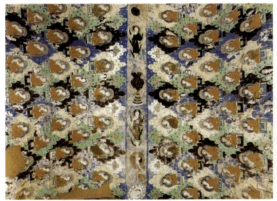

图 5-7 克孜尔石窟的菱形格图案

图 5-8 克孜尔石窟中具有飞天形象的壁画

图 5-9　鸠摩罗什雕像

图 5-9 展示的是克孜尔石窟前的一尊现代雕像,这尊雕像的主人公是和玄奘一样有名的佛教高僧——鸠摩罗什。鸠摩罗什是一位卓越的翻译家,他翻译的经典作品广为流传,其中包括大家非常熟悉的《金刚经》。他还推动了佛教文化在中原地区的传播和发展。

克孜尔石窟是新疆地区洞窟最多的石窟群。由于历史的变迁和人为的破坏,许多洞窟受损严重。令人遗憾的是,许多珍贵的佛教壁画被盗走了,如今我们只能在国外的博物馆中见到它们。

玄奘曾在其著作中记载,龟兹国拥有寺院百余座,拥有僧侣五千余人。龟兹国的佛教文化深受古印度佛教文化的影响。欣赏克孜尔石窟的穹顶壁画(见图 5-10)时,我们可以感受到浓厚的异域风情。

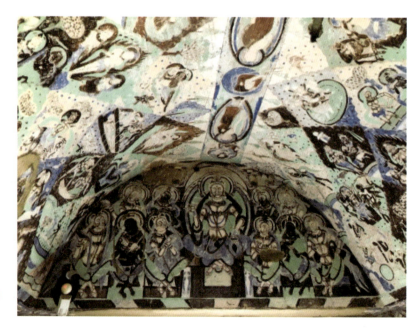

图 5-10　克孜尔石窟的穹顶壁画

这些壁画描绘了很多故事,每个故事都是被精心挑选过的。每一幅小壁画都被放置在了菱形格中(见图 5-11)。

图 5-11
穹顶壁画中的菱形格

其中一幅壁画(见图 5-12)描绘了鸽子焚身救迷路人的故事。从前,有一只鸽子常年生活在雪山上。一天,狂风和大雪突然袭来,有一个人在风雪中前行,迷失了方向。由于旅途劳累、饥寒交迫,他的生命危在旦夕。鸽子发现迷路人后,顿时产生了怜悯之心。于是,鸽子衔来柴草,为迷路人点燃,供其取暖。接着,鸽子又毅然投身到熊熊烈火之中,把自己烤熟,从而让迷路人充饥。迷路人接受了鸽子的施舍后,很快便恢复了体力。这时,风雪也逐渐停息,迷路人辨明了前进的方向,顺利地走出了大山。这个感人的故事出自《杂宝藏经》。这部佛经是由吉迦夜与昙曜共同翻译的,其中包含了众多富有哲理的故事。在这幅壁画中,我们可以看到一个风雪中的迷路人和一只舍身救人的鸽子。这则故事体现了佛教所提倡的舍身精神。

图 5-12 鸽子焚身救迷路人

图 5-13　凉州石窟

图 5-13 所展示的石窟是凉州石窟,凉州石窟同样承载着丰富的佛教文化。据文献记载,在河西走廊,最早被开凿的两处石窟分别是莫高窟和凉州石窟。凉州石窟的开凿可追溯到沮渠蒙逊统治北凉时期。沮渠蒙逊对佛教情有独钟,为了表达对佛教的崇敬,他派人开凿石窟。

莫高窟开凿于公元 366 年,其开凿时间比云冈石窟早了近 1 个世纪,云冈石窟开凿于公元 460 年。历史上流传着一个关于莫高窟的传说。据传,有一位名叫乐僔的僧人苦心修行、性格恬静。某日,他目睹了万丈金光中千佛显现的奇异景象。于是,他决定在此地开山凿窟,以供奉佛像、弘扬佛法。随后,又有一位名为法良的僧人来到此地,他在乐僔开凿的石窟旁开凿了另一处石窟。他们所开凿的石窟极有可能是用于坐禅修行的禅窟。

敦煌石窟是佛教艺术的瑰宝,月牙泉的宁静与美丽为这片古老的土地增添了几分神秘与诗意。北朝时期的壁画作品以佛的前世、佛传故事及因缘故事为主要题材。敦煌石窟的壁画不仅数量众多,而且极其精美。莫高窟是敦煌石窟的代表,其中有 492 个洞窟内有壁画和塑像。在莫高窟中,268 号窟、272 号窟和 275 号窟被认为是北凉时期最早被开凿的洞窟。图 5-14、图 5-15 展示的是 268 号窟和 272 号窟的内景,图 5-16 展示的是 275 号窟的北壁。这些洞窟内的主要雕塑未被上色,但它们的造型和线条却充满了艺术魅力。

第五讲　石窟与中国文化

图 5-14　莫高窟 268 号窟内景

图 5-15　莫高窟 272 号窟内景

图 5-16
莫高窟 275 号窟北壁

　　云冈石窟所展现的艺术形式是石雕艺术，而莫高窟所展现的艺术形式以壁画和泥塑为主。莫高窟的壁画将丰富的佛教故事、佛教人物及僧人的生活场景生动地展现了出来。在莫高窟中，268 号窟、272 号窟和 275 号窟是人们最关注的三个洞窟。有些学者认为，268 号窟和 272 号窟可能是由两位僧人开凿的洞窟，但目前没有直接的证据支持这一观点。莫高窟的开凿主要依靠民间力量。莫高窟的开凿者通常是高僧、过往的商人、当地居民，势力庞大的家族也参与了莫高窟的开凿。

113

我们可以通过开凿示意图（见图5-17）了解莫高窟洞窟的开凿过程。工匠首先会修整崖壁，然后按照从上往下的顺序开凿洞窟。这种开凿方式既保证了洞窟结构的稳定，也便于后续的壁画创作和塑像创作。洞窟开凿完毕后，人们会根据实际情况进行艺术创作。

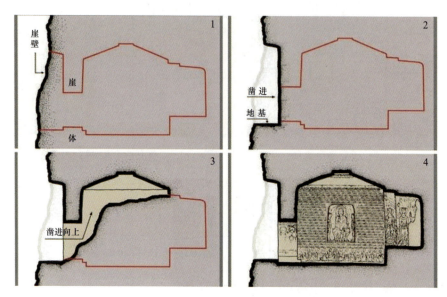

图5-17　莫高窟洞窟的开凿过程

我们可以根据相关信息推测，乐僔和法良开凿的洞窟很可能并不大，这些洞窟主要供僧人修行。这些洞窟位于半山腰，人们只有在通过栈道后才能到达这些洞窟，这进一步证明了它们的主要功能是供僧人修行，僧人不大可能在这些洞窟中生活。刘慧达先生曾发表过一篇名为《北魏石窟与禅》的文章，其在文中指出，早期开凿洞窟的主要目的是供僧人禅修。禅修在当时是一种重要的修行方式，与后来禅宗所倡导的顿悟不同，禅修更强调人们在修行的过程中使内心逐渐平静下来。在禅修的过程中，僧人们需要在空间较小的坐禅窟中静心冥想，也需要借助佛像进行观像修行。因此，这些洞窟往往坐落于相对安静的地方，以便僧人们能够更为专注地修行。268号窟的空间布局就体现了这一特点。268号窟有一个像甬道一样的入口，甬道旁边则有几个小型禅窟，整个洞窟的布局紧凑而有序，这样的设计保证了僧人们有足够的空间进行禅修。272号窟和275号窟也都有着类似的空间布局。正所谓"天下名山僧占多",山上的环境更为安静,这也有助于僧人们达到修行的最佳状态。

学者巫鸿发表了一篇文章,他在文章中探讨了莫高窟中早期被开凿的洞窟的空间构成,他还特别提到了268号窟、272号窟和275号窟。这些洞窟位于石窟的中间,而不是石窟的底层。268号窟内供奉着一尊交脚弥勒佛像,甬道的两旁分布着四个小型禅室。这些禅室高度不高,仅够僧人们盘腿而坐,这种空间会给参观的人们带来一种压迫感。272号窟的空间相对较大,其高度足够一个人站立。这样的空间更适合僧人们前来观像修行。虽然272号窟比268号窟稍大一些,但其面积也仅有约5平方米。275号窟是三个窟中最大的一个。如果一位修行的僧人站在275号窟中,他只能在仰视时看清佛像的全貌。壁画中所描绘的天宫图案让人们不禁觉得自己置身于神圣而庄严的天国。

云冈石窟是皇家主持开凿的,而敦煌石窟是民间主持开凿的。与云冈石窟相比,敦煌石窟规模较小,但敦煌石窟却呈现出了一个更为活泼、自由的艺术世界。敦煌壁画所涉及的题材十分丰富,有的壁画还展现了僧人刷牙的场景(见图5-18)。

图5-18 敦煌壁画中所展现的僧人刷牙的场景

敦煌壁画的题材丰富多样，除了宗教题材外，还涵盖了婚丧嫁娶、养老送终等世俗生活的各个方面。莫高窟12号窟南壁的壁画（见图5-19）就展现了持笏拜堂的情形。这些壁画生动地展现了当时的社会风貌和人民的生活状态。相比之下，云冈石窟则更多地体现出了皇家艺术的特点，因为开凿云冈石窟的目的之一就是展示皇家的尊贵与威严。当然，这并不意味着云冈石窟的艺术价值低于敦煌石窟。事实上，每一个石窟都有其特点和价值。

图 5-19 莫高窟12号窟南壁壁画

我们如果有机会参观敦煌石窟，就会发现其洞窟数量众多，但其中大部分洞窟面积较小。由于敦煌地区的砾石质地较为粗糙，不适合艺术家进行精细的雕刻，因此艺术家们采用了塑像和壁画相结合的创作方式，这使敦煌文化具有独特的艺术风格。此外，敦煌文书的发现也为人们研究敦煌文化提供了宝贵的资料。

第五讲 石窟与中国文化

云冈石窟的开凿与高僧昙曜密切相关。昙曜来自凉州，他在佛教方面有着很深的造诣。《续高僧传》记载，昙曜曾居住于恒安石窟通乐寺，并主持了云冈石窟的开凿工作。云冈石窟位于山西省大同市西郊的武州山南麓，东西绵延约1000米。

云冈石窟是一座规模庞大的艺术宝库，其形成与发展建立在大量的人力、物力与财力的基础之上。在北魏时期，随着国家的统一与疆域的扩张，大量人口从各地迁移至平城。这些迁移者中不乏各类人才，这为云冈石窟的开凿提供了丰富的人力。据宿白先生在《平城实力的集聚和"云冈模式"的形成与发展》一文中的描述，当时约有百万人迁移至平城。近年来，人们在大同发现了大量与中外文化交流有关的文物。1970年，人们在大同市轴承厂发现了一处北魏建筑遗址，并在该遗址中发现了具有异域艺术风格的铜鎏金童子葡萄纹高足杯、鎏金动物神像纹高足铜杯、鎏金錾花银碗、八曲银长杯等十分珍贵的文物。这些文物不仅再现了古代丝绸之路的繁荣景象，也揭示了云冈石窟开凿时期的文化背景。

图5-20展示的是大同博物馆收藏的北魏玻璃器皿。中国古代的玻璃器皿大多是从国外传入的。据《魏书》记载，在太武帝时期，一位来自中亚的商人声称自己能烧制造五色琉璃。这位商人在大同附近开采矿石，并烧制出了玻璃器皿。这些玻璃器皿的器型具有中国的艺术风格，与同期的陶器有着很多相似之处。这些器皿显现出了一种独特的光泽。这是怎么做到的呢？相关人员通过研究发现，这些玻璃器皿含有铅元素。正是铅元素使这些玻璃器皿显现出独特的光泽。

图5-20 大同博物馆收藏的北魏玻璃器皿

117

图5-21是一张老照片,这张照片展示的是民国时期的云冈石窟。

图5-21　民国时期的云冈石窟

图5-22展示的是云冈石窟第十八窟的佛像,佛像的袈裟上雕刻着众多的小佛,展现出了雕刻者精湛的雕刻技艺。如果来到云冈石窟的第二期,我们可以发现,孝文帝时期的石窟艺术在洞窟形制、造像风格和题材等方面都呈现出了新的特点。我们可以将这种变化概括为石窟艺术的中国化。

图5-23展示的是云冈石窟的第十二窟,该窟又被称为音乐窟,窟内的伎乐天手持多种东西方乐器,宛若一支交响乐团在进行表演。

图5-22　云冈石窟第十八窟佛像

第五讲 石窟与中国文化

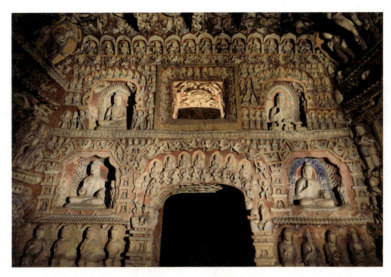

图 5-23　云冈石窟第十二窟

2023 年,"文明丽迹——北魏平城与云冈石窟艺术"特展（见图 5-24）在深圳博物馆历史民俗馆开幕,这次展览的一大亮点就是将高达约 9 米的云冈石窟第十二窟（复制窟）"搬到"了深圳博物馆。为了让观众身临其境地感受云冈石窟第十二窟的风采,深圳博物馆运用数字化采集、3D 打印等技术,还原了气势恢宏的洞窟。未来我们计划探寻洞窟中十几种乐器背后的故事。我们的目标是打造一个能听的展览,让观众在欣赏洞窟的同时听到每一种乐器的声音,仿佛置身于那个古老而神秘的交响乐团之中。

图 5-24　"文明丽迹——北魏平城与云冈石窟艺术"特展在深圳博物馆历史民俗馆开幕

119

在有关云冈石窟的佛像中，图5-25和图5-26所展示的这两尊佛像是我最喜欢的，这两尊佛像都来自云冈石窟的第五窟。

图5-25 云冈石窟第五窟主尊

图5-26 云冈石窟第五窟佛像

谈到佛像的艺术风格，就让我想到了李泽厚先生所著的《美的历程》。他曾在书中对北魏、唐、宋三个时期的佛像进行剖析。大足石刻就是唐宋时期佛教艺术的代表。李泽厚先生认为，如果从对神的刻画的角度来评价这三个时期的佛像，北魏时期的佛像对神的刻画是最为精妙的。相比之下，大足石窟的佛像体现出了世俗化的特征。我们能够发现，唐宋时期的佛像更多地展现了人的形象与情感。例如，大足石刻中的养鸡女石刻虽然将人物刻画得生动逼真，但却缺少了一种宗教的神圣感。云冈石窟雕刻在砂岩之上，经过岁月的洗礼，它呈现出一种温润的光泽。当我们站在第五窟的佛像前，仿佛能感受到神明在悲悯地看着我们，同时我们还能感受到一种庄重感。

当我们仔细观察这些佛像的细节时，会发现它们的雕工极为精湛，这也是它们能够给人带来神圣感的重要原因。以佛像的鼻子为例，它们鼻梁的弧度并不是柔和的，雕刻者在雕刻佛像的鼻子时采用了直刀法。这种刀法使鼻梁部分呈现出一种斜平的效果，这使佛像的鼻子与真人鼻子的形态截然不同。此外，佛像的眉毛也呈现出一种高低起伏的形态。这种效果是雕刻者用平的凿子凿出来的。这种独特的雕刻方式不仅展现了雕刻者的高超技艺，也使得佛像在整体上更具威严感和神秘感。

云冈石窟的影响力是巨大的，甘肃省平凉市泾川县的王母宫石窟便是一个生动的例子。这座石窟与云冈石窟第六窟十分相似，甚至有人将其称为云冈石窟第六窟的"升级版"。云冈石窟第六窟的窟内雕刻着一头大象（见图5-27），而王母宫石窟的窟内也雕刻着一头大象（见图5-28），这种相似性并非出于偶然。

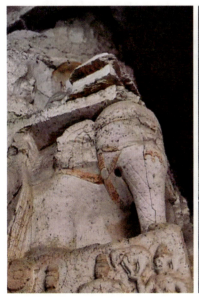

图5-27 云冈石窟第六窟的大象石雕　　图5-28 王母宫石窟的大象石雕

龙门石窟在佛教艺术史上占据着重要的地位。《魏书·释老志》记载："景明初，世宗诏大长秋卿白整准代京灵岩寺石窟。"在开凿的过程中，有一个关键步骤被称为"斩山"。这个词在明代的相关文献中也出现过，其主要指的是修整崖面的工作。原本人们计划斩山二十三丈（约76.7米），但由于某些原因，工程进展缓慢，工程的规模不得不缩小了。图5-29展示的是龙门石窟的宾阳三洞。《帝后礼佛图》是中国艺术史上不可多得的石刻艺术珍品，其原刻于龙门石窟宾阳中洞内。令人遗憾的是，《帝后礼佛图》于20世纪30年代被盗卖至国外。

图5-29　龙门石窟宾阳三洞

在唐宋时期，由于民间信仰的推动，川渝地区的人们开凿了大量的石窟。这些石窟同样承载着丰富的历史文化内涵。图5-30展示的是大足石刻的千手观音像。图5-31展示的是大足石刻的《六道轮回图》。《六道轮回图》深入浅出地阐释了佛教的基本教义，让人一目了然。

图 5-30
大足石刻千手观音像

图 5-31
大足石刻《六道轮回图》

  石窟艺术不仅体现了雕塑艺术，还融合了建筑艺术、绘画艺术和书法艺术。洞窟的开凿本身就是一种建筑行为。石窟的窟檐也展现了特定时期的建筑风格，它们为我们提供了丰富的视觉信息，让我们能够窥见古代建筑的影子。梁思成、林徽因、刘敦桢曾在 1933 年对云冈石窟进行了研究，并发表了一篇名为《云冈石窟中所表现的北魏建筑》的文章。这篇文章指出，中外文化交流的痕迹在云冈石窟随处可见。他们特别提到了柱子的部分。云冈石窟的柱子在设计风格上受到了国外建筑艺术的影响。有些柱子是爱奥尼克式的，还有的是波斯式和印度式的，它们形式多样、风格各异。梁思成等人还绘制了一些插图，生动地展示了这些柱子的样式和风格。

图 5-32 展示的是麦积山石窟。麦积山石窟位于甘肃省天水市麦积区，它与莫高窟、云冈石窟、龙门石窟被称为"中国四大石窟"。

图 5-32　麦积山石窟

图 5-33　麦积山石窟第四十三窟的窟檐

图 5-33 展示的是麦积山石窟第四十三窟的窟檐。第四十三窟窟檐的设计完全仿照的是西魏时期的建筑风格。

图 5-34 展示的是麦积山石窟第四十四窟的一组塑像，据说中间的塑像是根据西魏文帝文皇后乙弗氏的容貌塑的。乙弗氏命运多舛、结局凄惨。据传，麦积山石窟第四十三窟便是乙弗氏的归葬之地，第四十四窟的塑像或许是对她生前形象的一种再现。

图 5-34　麦积山石窟第四十四窟的一组塑像

谈及石窟艺术，我们就不能不提到魏碑体这一独特的书法形式。在龙门石窟现存的上千块碑刻中，最为人所称道的便是魏碑书法的典范之作——《龙门二十品》。"上可窥汉秦旧范，下能察隋唐习风"，这是后人对魏碑的评价。康有为在《广艺舟双楫》中赞誉魏碑有"十美"："一曰魄力雄强，二曰气象浑穆，三曰笔法跳越，四曰点画峻厚，五曰意态奇逸，六曰精神飞动，七曰兴趣酣足，八曰骨法洞达，九曰结构天成，十曰血肉丰美。"

相较于敦煌石窟，云冈石窟的题记相对较少。这其实与两个石窟的组织方式息息相关。云冈石窟是皇家工程，其开凿和建造均受到皇家的指导与监督。在这样的背景下，题记的撰写和刻制自然也会受到严格的审查。毕竟石窟的开凿和佛像的雕刻都是皇家意志的体现，普通僧人或艺术家很难有机会在石窟上留下自己的题记。敦煌石窟则不同，它主要是由过往的僧人、往来的商旅、当地的官员和信众自发开凿的。他们中的许多人可能一生只来这里一次，因此，他们在开凿石窟时往往会留下题记。这些题记也就成为我们研究敦煌石窟的重要资料。图5-35展示的是《比丘法生为孝文皇帝并北海王母子造像记》的拓片，这件作品展现了魏碑体的独特魅力。

图5-35 《比丘法生为孝文皇帝并北海王母子造像记》的拓片

通过这些例子，我们可以看到石窟不仅仅是宗教文化的体现，也是历史、艺术的集中展示。它们为我们提供了广阔的研究空间，让我们能够更深入地了解古代社会的风貌和中国文化的内涵。总之，石窟艺术是中国文化的重要组成部分，它以独特的方式展现了中华民族的智慧和创造力。希望大家能够通过我的介绍对这些珍贵的文化遗产有更为深入的了解和认识。

谢谢大家！

湖畔论道

提问者：

杭老师您好，我是一位社区工作者，我主修的专业是历史地理学，所以我对中国文化和中国历史比较感兴趣。刚才您为我们介绍了石窟艺术，我参观过龙门石窟，也参观过大足石窟。我感觉这些石窟和其中的佛像确实让人感到非常震撼，所以我们应当坚定和增强文化自信。您觉得我们应当如何增强文化自信呢？

杭侃：

谢谢您的提问。这其实也是我一直在思考的问题。我认为文化遗产确实能够吸引游客，为当地的经济发展带来一定的贡献，但这并非其核心价值所在。文化遗产的真正意义在于，它们承载着丰富的历史信息、文化内涵和民族精神。

文化遗产的价值是多元的，但对于现代人来说，文化遗产的文化价值尤为重要。文化就像春雨一样无声无息地滋养着人们的心灵。我有一位学建筑的朋友，他曾为如何打造出具有中国特色的建筑而苦恼。现在很多人都在思考如何打造特色文化、如何融入中国元素，但我认为这样的做法是浮于表面的。我告诉那位朋友，想要设计出真正优秀的中国式建筑，就应当深深扎根于中国传统文化之中。建筑设计师只有真正理解了中国传统文化，才能将其融入建筑设计中，使之焕发出独特的魅力。

我觉得年轻人可以找时间多读读闲书，特别是一些国内外的经典作品。经典之所以为经典，正是因为它们能够经得起时间的考验，这些经典作品能够为我们带来新的启示和感悟。一个城市如果散发着书香，那么这里的文化氛围肯定是非常浓厚的。我曾经在图书馆工作过，我也比较关注大学图书馆的图书借阅量。我发现，借阅量排名靠前的图书通常是一些在内容上缺乏深度和广度的畅销书。一些畅销书确实很吸引人，但如果我们投入过多的精力去阅读它们，就会忽略那些真正能够滋养我们精神世界的经典好书。我认为我们应该沉下心来，多读一些好书。

提问者：

杭教授您好，我是一名消防工作者，您的演讲非常精彩。我曾在10年前参观过敦煌石窟，听过您的讲解之后，我还想再去看看。目前我从事的是消防方面的工作，所以我想了解专业人士在消防方面是如何保护这些石窟的。此外，您对临港有什么期望或期待吗？谢谢杭教授。

杭侃：

第一个问题问得非常好，这也是一个专业性很强的问题。云冈石窟设有一个消防中队，并配备了消防车，以应对可能出现的火灾隐患。我曾经陪同一位领导参观云冈石窟，他特别关注安全问题。走进第五窟和第六窟前的清代木构建筑时，他问了我很多有关消防措施的问题。我向他详细介绍了此处的消防设施，他听到这些后便放心地继续参观了。实际上，在申报世界文化遗产的过程中，相关机构会要求专业人士对石窟的内部和外部环境进行保护。为了提高防御火灾的能力，消防中队每年都会在云冈石窟开展救援演练。

下面我来回答第二个问题。听说上海博物馆举办了一场古埃及文明展，这让我想起了图坦卡蒙的内棺上刻着的那句"我看见了昨天，我知道明天"。我们学习历史并不是为了穿越回过去，而是为了从历史中汲取养分。很多雕塑家都会从云冈石窟中寻找创作的灵感。人民英雄纪念碑的创作团队也曾在创作的过程中前往云冈石窟寻找灵感。从经典的艺术作品中汲取养分后，我们要创造出属于我们这个时代的经典。

2024年1月17日

（根据讲座录音整理，已经本人审阅）

第六讲

美学与美好生活

彭锋

嘉宾小传

彭锋，北京大学艺术学院教授、院长，北京大学歌剧研究院院长，北京大学中国画法研究院院长，享受国务院政府特殊津贴专家；兼任国务院学位委员会艺术学理论学科评议组召集人，教育部高等学校艺术学理论类专业教学指导委员会秘书长，国际美学协会副会长，中华美学学会副会长，中国文艺评论家协会理事，中国美术家协会理事；2016年被聘为教育部长江学者特聘教授，2022年获"全国中青年德艺双馨文艺工作者"称号；出版《艺术学通论》等专著、教材和文集17部，出版《艺术的语言：通往符号理论的道路》等译著（含合译）7部，在国内外重要期刊发表中英文论文300余篇；策划第五十四届威尼斯国际艺术双年展中国馆等艺术展览百余场，撰写音乐剧、话剧、舞剧、电影等剧本10部，应邀于世界美学大会、世界哲学大会等国际会议发表主题演讲和专题演讲。

赠言寄语

大家好，很高兴能与大家相聚在这里。我除了致力于美学研究，也经常策划展览。此外，我还有一个业余爱好，那就是编剧。2023年，话剧《理由》在国家大剧院上演，我是这部话剧的编剧。迄今为止，我共编写过5部话剧、3部音乐剧和1部舞剧的剧本。此外，我还担任过电影的监制和编剧，我们当时只有5万元的经费，但那部电影竟然还获得了一个奖项。其实，我最初在北大哲学系主修的是美学，但后来我去了艺术学院。艺术学院的老师曾质疑过我，认为我只会纸上谈兵。为了证明自己，我决定亲身实践。就这样，我逐渐从一名纯理论研究者转变为艺术实践者。

我想和大家分享一个观点，那就是无论是学习还是工作，我们最终的目标都是追求更美好的生活。解决了温饱问题后，我们就会向往并追求更美好的生活。我们可以将人的向往分为两类——需要和愿望。人在饥饿时需要的是食物，这种需求一旦被满足，人们就不再提出要求了；而愿望是一种永不满足的渴望，比如人们对美的追求就是一种愿望，这个愿望达成之后，人们还会有新的愿望。

人们经常在讨论"美学是什么"。美学当然是研究美的，这是毋庸置疑的。不过也有人说古人喜欢的东西似乎有些奇怪，他们好像不太喜欢美的东西，比如说，有的古人喜欢形状比较奇怪的太湖石，更漂亮的、更光滑的石头他们反而不喜欢。因此，有人认为美学的研究对象可能不是美，或者说不仅仅是美。也有人认为美学研究的是感觉，因为人们通过感觉来认识世界。实际上，美是感觉的对象，而不是美学的分析对象。当我们称赞一首诗或一幅画的时候，往往难以用具体的语言来描述它好在哪里，正如我们无法精确分析一个人的美究竟源于何处。我们一旦尝试去分析美，那种整体的美感似乎就消失了。因此，不少人将美学视为感性学。

还有一些人认为美学是一种艺术哲学。在特定的历史阶段，艺术常被用来表现美。艺术中的美是必然的，而生活中的美是偶然的，因为艺术家在创作过程中可以不断修改和完善作品，直至其达到美的标准。相比之下，如果一个人的外表美丽，那是自然赋予的，不是像艺术作品那样经过反复打磨的。与生活中的美相比，艺术领域的美更为集中和典型。对于那些有志于学习艺术的孩子，我建议家长们最好先请老师评估一下孩子是否具备这方面的天赋。例如，一个孩子如果唱歌时总是跑调，那么即使再努力学习声乐，可能也很难达到理想的水平；如果一个孩子跳舞时总是找不准节奏，可能是因为他节奏感不强，这是与生俱来的特质；如果一个孩子对色彩的感知力差，那么他在学习绘画时就会遇到很大的困难。每个人都有自己擅长的领域和独特的才能。艺术创作尤其依赖与感觉有关的天赋，有些人似乎天生就拥有这种天赋，他们往往能够比较轻松地在艺术领域取得很高的成就。

我曾在北大哲学系教授美学，现在我在北大的艺术学院教授艺术理论。虽然教授的课程有所不同，但核心内容都与美和感觉紧密相关。在19世纪，美学被视为关于美的科学、关于感性认识的科学和艺术哲学。在美学研究中，研究者不仅研究美本身，还研究人们如何认知美、理解美，以及艺术如何表现和传达美。历史上不同美学流派和美学家们的研究方向和研究重点各不相同。

保罗·盖耶是当代著名哲学家、美学家。目前，有位上海的教授正在将他的著作 *A History of Modern Aesthetics*（《现代美学史》）翻译成中文。最初，出版社希望我能够承担这项翻译工作，但考虑到精力有限，我推荐了其他合适的人来完成这项任务。作者保罗·盖耶在书中深入探讨了欧洲美学的三个主要导向——认知导向、游戏导向和激情导向。

认知导向的美学强调审美经验具有认识某些特殊存在的功能，如果不借助美，这些存在就无法被揭示出来。在古代，人们会通过宗教等手段探索未知领域，试图通过与神灵沟通获得启示。然而，到了18世纪，随着宗教观念的淡化，人们开始将希望寄托于艺术。人们相信艺术家具有超凡的才能和探索未知领域的能力。常有人说，学习科学的人也需要学习艺术，因为学习艺术可以帮助人们提高感知力和判断力。

  游戏导向的美学强调审美经验对想象力的激发功能。只有具备了审美经验，想象力才可以进入自由游戏的状态，在这种状态下，人会产生快乐的感觉。我们经常能看到一些人闷闷不乐。他们为什么不高兴呢？因为他们的感性和理性在"打架"，内心失去了平衡。我们经常会看到一些孩子因为父母的期待而被迫学习某些自己不感兴趣的东西，并因此而感到难过，这种情况实际上就反映了感性和理性之间的不和谐。想要实现内心的平衡，我们就应当努力让自己的感性和理性和谐共处，使内心达到一种游戏状态。如果我们能够达到这种状态，就能感受到源于内心的、最纯粹的快乐。当我们的内心处于游戏状态时，我们就能在学习、工作和生活中体会到快乐。对于我来说，做学问就是一种游戏，因为我对此充满兴趣。

  激情导向的美学强调审美经验对激情的唤起功能，审美激情能够将人们从沉闷的日常经验中解放出来。如今，许多人感到自己缺少能量，对生活失去兴趣，缺乏动力和追求。我们可以通过哪些方式激发内心的激情呢？虽然饮酒等方式可以给人们带来短暂的激情，但它们往往会给人们带来一定的负面影响。相比之下，艺术为人们提供了一种更为健康的唤起激情的方式。例如，当我们聆听帕瓦罗蒂那震撼人心的歌声时，内心一定会被深深触动，我们会感受到一种强烈的激情，而这种激情不会给我们带来任何负面影响。最近，《热辣滚烫》这部电影非常火，我们在电影中看到，贾玲通过艰苦的训练成功减重了100斤，这种励志故事不仅令我们惊叹，更能唤起我们内心的激情。当我们看到别人能够克服重重困难并超越自我时，我们也会受到鼓舞。

  我深知调动激情对于学习的重要性，因此，我经常尝试各种方法来激发我儿子的学习热情。单纯的批评只会消磨他的积极性，所以我努力创造让他感到快乐和兴奋的学习环境。其实，这种激情导向的美学观念在18世纪就已出现了，孔子也曾提出过类似的理念。孔子曾强调"诗可以兴"，也就是诗歌能够激发人的情感，使人激情澎湃。很多演员在演戏的时候像疯了一样，我认为我们在生活中有时候也需要"疯"一点，我们如果始终在生活中保持冷静，那就很难感受到生活中的乐趣。我从来不喝酒，因为我对酒精过敏，很多朋友都说我这辈子白活了，因为他们认为我无法享受到酒精带给我的快乐，但是我告诉他们，我可以借助各种形式的艺术感受到快乐。

刚刚我们了解了什么是美学。那么美是什么呢？常有人说"萝卜白菜，各有所爱"，事实确实如此。那么美有没有标准呢？我觉得美是有标准的，但有些人不愿意承认这个事实。德国哲学家恩斯特·卡西尔认为，美是清楚明白的现象，美是人类经验的组成部分。如果不深入思考，我们对于"什么是美"往往有着清晰的判断；然而，一旦我们开始深入思考，问题可能会变得复杂，我们反而很难说清楚什么是美。我儿子在很小的时候就能分辨出哪个阿姨漂亮、哪个阿姨不漂亮，分辨美与丑似乎是人类的本能。

大多数人在看到古希腊雕塑的时候都会觉得它们是美的，因为人类对美的基本认知是一致的。然而，有的艺术形式或艺术作品并不被认为是美的。例如，在某些人看来，埃及的一些绘画作品就不够美。这是因为创作这些作品的艺术家追求的是艺术的永恒性，而不以刻画人物的外形美为目标，他们希望通过作品表达对事物内在本质的理解。

举个例子来说，埃及艺术家有着独特的表现人物的方式。欣赏埃及的绘画作品时，我们会发现，无论我们从哪个角度观察，画中人物的眼睛总是以正面的形象呈现给观者。同时，由于侧面轮廓最能体现人物的面部特征，画中人物的脸常常是侧着的，所以有些人会认为作品中的人物看起来有些古怪。

以现代人的审美标准来看，一些中国古代的艺术品可能也不够美。我国的青铜器造型奇特，但其背后蕴含着深厚的文化内涵和宗教意义。

青铜器在中国古代不仅是艺术品,更是礼器。在特定的场合和情境下,青铜器扮演着重要的角色。在面对这些青铜器时,人们最先感受到的是敬畏之情。如果青铜器被打造得过于漂亮,人们的敬畏之情就会被削弱。随着时间的推移,青铜器的装饰性逐渐增强,其威慑效果也逐渐减弱。

为什么人们普遍认为古希腊艺术是美的呢?这与古希腊人的信仰有关。古希腊人深信两个世界的存在——一个是天上的世界,一个是地上的世界。他们称天上的世界为理念世界,那是一个人们看不见的抽象世界。例如,人们无论把圆画得多么准确,也无法画出最标准的圆,那个最标准的圆存在于理念世界。理念是完美的,但它却是无形无相的。古希腊人的目标是超越有形的现实世界,进入无形的理念世界。怎么做才能使人们超越有形的现实世界,进入无形的理念世界呢?他们认为,只有与美的事物相伴,人才有机会进入无形的理念世界。因此,古希腊的艺术品不仅是人的审美对象,更是人实现自我超越的媒介和工具。

我认为,有的学者在谈论美的时候把美的概念说得很复杂,有时甚至让人觉得有些莫名其妙。美本应是漂亮的、让人赏心悦目的,但有的学者认为不漂亮的东西也是美的,我认为这种说法就将美的概念复杂化了。

俄罗斯艺术家维塔利·科马尔与亚历山大·梅拉米德于20世纪末启动了一个特殊的艺术项目。他们花费了多年的时间在世界各国开展民意调查,试图根据调查结果创作出每个国家的人最喜欢的画和最不喜欢的画。为了了解广大民众的审美倾向,接受调查的对象都是普通民众,而非艺术家。调查结果显示,中国人最喜欢的绘画作品与鲁迅、牛有关。于是,他们根据中国人的喜好创作出了一幅他们认为中国人最喜欢的画,画中出现了牛和鲁迅的形象。他们还在调查的过程中发现,各国民众喜欢的画常常包含了圆形。由此可见,人类的审美偏好是相似的,这种偏好可能源于人类的本能,这可能也与基因有关。

图 6-1　来自雅典的陶器　　图 6-2　来自中国的陶器

图 6-1 和图 6-2 展示的这两件陶器分别来自雅典的一座博物馆和北京大学赛克勒考古与艺术博物馆。当我第一次在雅典的博物馆看到那件陶器时,我深感震惊,因为它与中国的仰韶文化陶器惊人地相似。北京大学赛克勒考古与艺术博物馆收藏的这件陶器并不是被中国人发现的,发现它的是瑞典考古学家安特生。有趣的是,在发现这件陶器的时候,安特生的第一反应是这件陶器是从西方传入中国的。这两件陶器为什么会如此相似呢?因为制作它们的人有相似的审美偏好。

西方的雕塑家往往追求形式的完美,注重精准地刻画人与物的形态。然而,中国的雕塑家更倾向于追求生动与趣味,强调作品的内在神韵和情趣。中国的雕塑家认为,生动有趣的表达形式能够赋予作品更为鲜活的生命力。那么,面对这两种截然不同的审美趣味时,你会如何选择呢?这两种审美趣味存在着巨大的差异,它们代表着东西方文化在艺术表达上的不同追求。图 6-3 展示的是我国东汉时期的雕塑作品《击鼓说唱俑》,这件作品更注重神韵的表达。图 6-4 展示的是古希腊时期的雕塑作品《掷铁饼者》(复制品),这件作品借助掷铁饼者的完美形态展现出了雕塑家所追求的美感。这种差异不仅体现在雕塑艺术中,也体现在绘画、书法等各个领域。

图 6-3　《击鼓说唱俑》　　图 6-4　雕塑作品《掷铁饼者》(复制品)

第六讲 美学与美好生活

如果有学者想选取两种文明进行比较，那么选择古希腊文明和中华文明是最为合理的。这两种文明能够形成有力的对照，而且大量的文献对这两种文明的发展与演进进行了记录。更为关键的是，这两种文明都是独立发展起来的，这种独立性使得独特的文化特征被保留了下来。古印度文明也是一种伟大的文明，也有大量文献记录了古印度文明的发展与变迁，但印地语属于印欧语系，它与欧洲国家的语言有相似之处；古埃及文明也很辉煌，但其在某一时期中断了；日本文明虽然也有区别于其他文明的特色，但其在很大程度上受到了中国文化的影响。

我们如果将汉语和英语进行对比，就会发现英语强调的是约定思维，而汉语强调的是直觉思维。对于西方文明来说，数理思维占据了重要的地位。以达·芬奇的作品《维特鲁威人》（见图6-5）为例，达·芬奇通过精确的计算描绘出了比例完美的人体。中国古人在创作过程中更倾向于对气象进行描绘，南宋画家梁楷所创作的《太白行吟图》（见图6-6）就展现了画家所追求的那种超越形体的神韵和气度。

图6-5 达·芬奇创作的《维特鲁威人》

图6-6 梁楷创作的《太白行吟图》

在教授中国艺术史时，我遇到了一个难题——如何才能向一群外国学生解释《太白行吟图》是一幅好的作品呢？如果我用"空灵"这样的词来描述，那学生们一定会感到困惑，甚至误认为"空灵"一词就是指画面空洞、缺乏内容。如果画中人物的腿稍短一些，他们可能会认为画家在创作时没有考虑到人体的比例。我向他们解释，这种处理是为了避免使人物的形象过于世俗化，因为画家追求的是一种超越现实的意境，但他们可能难以理解这种审美取向。有的学生认为画中人物的线条不够流畅，我向他们解释这是画家有意为之，为的是展现独特的艺术风格，但学生们会认为线条不流畅是由画家的绘画技术不过关造成的。有一位在中国待了10年的外国朋友很欣赏这幅画，这说明他对中国文化的了解是比较深入的。

我们再来对比一下中西方建筑。图6-7展示的是古希腊建筑帕特农神庙，我们可以看到，西方建筑追求的是静态平衡。图6-8展示的是中国传统建筑的飞檐，飞檐的设计使建筑具有一种轻盈、灵动的感觉。与西方建筑相比，中国传统建筑追求的是动态平衡，曲径通幽的长廊在中国传统建筑中也十分常见。在西方，一些建筑的周围设有广场，这一设计不仅是为了彰显建筑的庄重与威严，更是为了给观者提供一个开阔的观景区。广场与建筑的完美结合体现了西方建筑的静态平衡。

图6-7　帕特农神庙

图6-8　中国传统建筑的飞檐

图6-9　透纳创作的油画作品《暴风雪：汽船驶离港口》

图6-9展示的是英国画家透纳的油画作品《暴风雪：汽船驶离港口》。我们可以看到，西方的绘画作品更加注重表现气势的恢宏。图6-10展示的是明末清初画家弘仁创作的国画作品《雨余柳色图》，从这幅画中我们能够发现，中国的绘画作品更加注重表现淡泊的意境。

图 6-11 是西班牙画家委拉斯开兹创作的布面油画作品《宫娥》。这幅画带给人们的感受是很独特的。当你凝视这幅画时，仿佛能感受到旁边有人在轻轻拍打你的肩膀，这种感觉强烈而真实。画中的人物栩栩如生，而那巨大的天花板仿佛向四周延伸，使观者觉得自己被整个空间包围了起来。这位西方画家将写实做到了极致。

也有西方画家将抽象做到了极致。从 20 世纪初开始，荷兰画家蒙德里安开始从事纯几何形的抽象画创作，在平面上把横线和竖线加以结合，形成直角或长方形。同时，他在创作中大胆地运用了红、黄、蓝这三种颜色。图 6-12 展示的就是蒙德里安所创作的《红黄蓝的构图》。

图 6-10 弘仁创作的国画作品《雨余柳色图》

图 6-11 委拉斯开兹创作的布面油画作品《宫娥》

图 6-12 蒙德里安创作的《红黄蓝的构图》

图6-13是北宋画家文同创作的《墨竹图》，这是我最喜欢的中国画之一。图6-14是元代女画家管道昇创作的《水竹图》，这幅画中的每一根竹子都在微风中摇曳，充满了生命力。特别引人注目的是，竹子在画中向右侧倾斜，这种姿态让人联想到亭亭玉立的少女，一步三摇，婀娜多姿。这两幅作品都展现出了中国画家在创作中所追求的中庸之道。

图6-13 文同创作的《墨竹图》

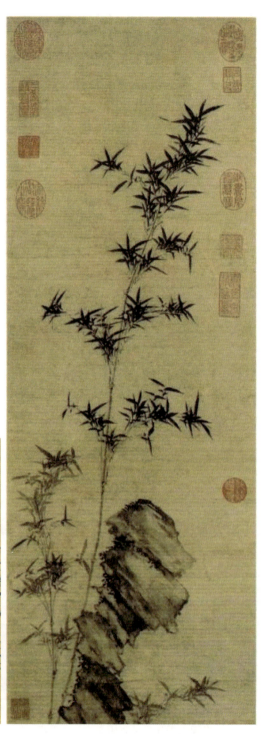

图6-14 管道昇创作的《水竹图》

徐悲鸿曾任北京大学画法研究会导师。1919年，徐悲鸿远赴法国深造，这成为他艺术道路上的重要转折点。当我们欣赏徐悲鸿的作品时，不难发现他对于中西方绘画技法的融合有着独到的见解。以徐悲鸿的《奔马图》（见图6-15）为例，如果人们以国画的传统标准来评判这幅作品，这匹马似乎显得有些呆板，缺乏灵动之气；但如果人们以油画的标准来评价这幅作品，这匹马又显得过于具象，缺少了一些朦胧的美。意大利画家郎世宁在中国居住了很多年，尽管他使用的是中国的绘画材料，画的是中国的马，但其作品仍然具有浓厚的西方色彩。相比之下，徐悲鸿虽以油画技法来表现马，却能够营造出一种"古道西风瘦马"的意境。

图6-15　徐悲鸿创作的《奔马图》

对于同一件艺术品或同一件时尚单品，不同的人可能会有截然不同的看法和评价。在审美领域，我们可以自由地表达自己的观点和喜好。1984年上映的电影《街上流行红裙子》展现了那个年代的时尚潮流。当街上的人们纷纷开始穿红裙子的时候，普通人会随波逐流，但是明星更倾向于选择与众不同的服装，比如绿裙子，哪怕这种选择在审美上并不被大众所看好。这是因为明星们希望通过服装上的差异来彰显自己的个性和独特品味，与大众保持一定的距离感，从而显示自己的与众不同。这种个人策略同样适用于艺术领域。我们可以看到很多画风奇特而古怪的艺术作品能够以高价售出，这并非因为它们符合大众的审美趣味，而是因为它们吸引了那些审美眼光独特、财力雄厚的收藏家。当然，这种个人策略并不适用于所有艺术领域。电影是一种大众化的文化消费产品，其成功与否更多地取决于观众的喜好和口碑。虽然电影的创作团队会在电影的创作过程中体现自己的创意或进行个性化表达,但过度追求个人策略而忽视观众的需求可能会导致票房不佳。因此,那些符合大众审美趣味和文化习惯的作品往往更受欢迎。

众所周知,很多印象派画家在艺术史上取得了辉煌的成就,他们试着像照相机一样,用色彩去记录视网膜上的瞬间影像,通过绘画的形式将这些影像永久地保存下来。一段时间后,照相机问世了,人们能够通过照相机快速地捕捉眼前的景象。后印象主义画家塞尚的作品就与印象派画家的作品有着明显的区别,他的作品并不片面追求客观表现。图6-16是赛尚创作的《圣维克多山》,这幅画展现了画家本人对山的主观感受。

图6-16 塞尚创作的《圣维克多山》

法国艺术家杜尚曾创作过一件名为《现成的自行车轮》的作品。1913年，杜尚突发奇想，将自行车车轮固定在凳子上。这种艺术形式在艺术史上被称为"现成品艺术"。当我第一次在美术馆看到这件作品的时候，我简直无法相信自己的眼睛。20世纪90年代的时候，北京满大街都是自行车，轮子随处可见，有时它们甚至会被随意丢弃。当时我在想，如果这样的轮子也能被称为艺术品，那我岂不早已跻身艺术家行列了？在参观展览时，我趁保安不注意轻轻转动了那个轮子，它果然与普通自行车的轮子一模一样。这让我想到，同样一件物品，当其处于日常生活环境中时，往往只具备实际使用功能；然而，一旦它被放置在博物馆的展台上，我们就要从艺术的角度来看待它，它也就成为一件艺术品了。

杜尚的作品只在室内展出，而法国当代艺术家达尼埃尔·布伦则坚持将其作品置于室外展览。这种截然不同的做法体现了达尼埃尔·布伦的个人策略。值得一提的是，2004年10月，达尼埃尔·布伦在北京天坛举办了他的个人展览"从天空到天坛"，230面5米高的蓝色旗帜排列在丹陛桥的两侧。人们将这种以大地为画布、以自然环境为创作媒介的艺术形式称为"大地艺术"或"地景艺术"。当我们欣赏这些艺术作品时，会发现这些作品展现出了艺术家强烈的个人策略。我们如果缺乏相应的艺术知识，面对这些作品时可能会感到困惑，难以理解其背后的深意。我认为，在判断一件艺术作品是否优秀时，我们需要将其置于具体的社会背景中，理解它在那个时代的意义和价值。

我经常用一种方法来评估艺术作品的好与坏。我会将一些艺术作品挂在墙上，观察自己注视哪幅作品的时间最长。如果某幅作品能让我长时间驻足欣赏，那么这幅作品可能更具吸引力。相反，如果我看了一会儿就不想看了，那这幅作品可能就没有那么出色。有趣的是，我发现那些看起来特别漂亮的作品不太能吸引我，而那些风格奇特的作品却总能引起我的注意。

德国美学家沃尔夫冈·韦尔施在其著作 *Undoing Aesthetics*（《重构美学》）中深入探讨了审美的发展进程。他提到了社会外观的审美化。

在当今社会，人们越来越注重自己的外表了。此外，各种人造景观也层出不穷，它们不仅提升了城市的美观度，也反映了人们对于美的追求。我们可以发现，某些图书馆或音乐厅的外观设计虽然非常吸引人，但这也牺牲了建筑的部分实用性和功能性。如果建筑设计团队将50%的成本用于打造一个建筑的外观上，那么我们可以认为这个团队所追求的是建筑的审美价值。

除了社会外观的审美化，沃尔夫冈·韦尔施还在书中提到了经济生活的审美化。从目前的情况来看，人们的消费行为正在发生转变。越来越多的人选择为产品的外观消费，为某个符号消费，或为某种生活方式消费。我认为上海的朵云书院就为消费者提供了独特的购书体验。人们之所以愿意在这里购买书籍，是因为人们能够在这里体验到与众不同的文化氛围，并展示自己的独特品位，这就是经济生活审美化的表现。人们购买的不再仅仅是产品本身，人们还在为氛围、体验和产品所代表的符号买单。在朵云书院购买一本书可能意味着一种身份认同。

沃尔夫冈·韦尔施也提到了动物与植物的审美化。通过先进的基因筛选技术，人们可以让生物的形态发生改变，这是令人难以置信的。物质世界的审美化也在改变着人们对世界的认知。我曾经见过一件令人叹为观止的作品，某位艺术家利用一种材料制作出了人造云，这些人造云还能够在空中悬浮。

伦理生活的审美化也开始被越来越多的人关注。如今，虚拟世界的出现让真实与虚拟之间的界限模糊了起来。人们可以在虚拟世界体验不同的人生，甚至可以在虚拟世界重塑自己的形象，但虚拟世界的出现也引发了一系列争议。一些人认为，虚拟世界的平等和自由代表着人类的解放，虚拟世界中的人可以摆脱现实世界的束缚，追求真正的自我；但一些思想家指出，有些人可以通过政治控制、资本控制和技术控制等手段操控虚拟世界，因此，虚拟世界中的人也不是完全自由的，他们也可能被各种利益集团操控。

我曾经读过一本名为《我们的后人类未来：生物技术革命的后果》

的书，这本书的作者是日裔美籍学者弗朗西斯·福山。作者在书中介绍了两种神奇的药物。一种药物是为不自信的人群设计的。例如，很多体型比较肥胖的人对自己的身材很不自信，并因此不敢出门，而这种药物能够让他们重拾自信。另一种药物是为过于自信的人群设计的。有些七八岁的小男孩在老师还没问完问题的时候就急于回答，如果家长认为孩子过度自信，就可以给孩子服用这种药物。作者在书中表示，如果生物技术继续发展下去，可能会导致所有男人都变得一样帅，所有女人都变得一样美。这样的世界在他看来是一片"美的荒原"，因为每个个体在那样的世界里都不再具有独特性。

我认为人们是无法用语言来准确定义什么是美的。尽管我或许无法亲眼见证某些技术的发展与变迁，但我认为人们始终要为后代着想。弗朗西斯·福山在书中描述的那种美是一种"平均美"。在未来，人们似乎可以通过某种方式将其创造出来。在我看来，摆脱"平均美"的最佳方式是恢复不可定义的美的本来面目。我在北大授课时，有的学生很想知道美的定义是什么，但我知道这并不是用三言两语就能说清楚的。

哲学家们常常强调，人们只有将某个概念理解透彻了，才能在此基础之上做研究。也就是说，人们在行动之前必须对相关事物有深入的了解。那么，我们如果不懂得什么是善，就不能做一个好人吗？我们如果不了解什么是美，就不能去追求美吗？在现实生活中，我们往往是在行动的过程中逐渐理解和领悟事物的本质的。我们不可能刚出生就完全理解人生的意义和价值。爱情、亲情等情感是复杂的，但我们也不可能在弄清楚什么是爱之后再去实践。因此，我认为行动大于知识，行动先于知识，行动优于知识。

刚刚我提到，摆脱"平均美"的最好方式是恢复不可定义的美的本来面目。欣赏不可定义的美也许无法带给我们关于真善美的知识，但它能够使我们形成三种具体的行为方式，我将这三种行为方式简称为"生""爱""乐"。我认为我们只要遵循这三种行为方式，就能拥有美好的生活。

"生生之谓易"是《周易》中的一句话。这句话在古代就引发了人们的思考：为何是"生生之谓易"，而不是"灭灭之谓易"？增加是一种变化，减少也是一种变化，如何证明"生"比"灭"更有优势呢？古代学者认为，"生"体现了一种生生不息的精神，而"灭"是无法一直延续下去的，因为"灭"是一定会走向终结的，终结就意味着不再有任何变化。对于我们每个人来说，每天都是崭新的一天，都充满了无限的可能与希望。禅语有云："日日是好日。"我们应当珍惜和享受每一天。"日日是好日"并不意味着每一天都一样好，但我们应当意识到，生命中的每一天都是完全不同的，每一天都是独一无二、不可替代的。常常有人将希望寄托于未来，而忽视了当下的重要性；然而，人们如果总是寄希望于未来，就可能永远感受不到当下的意义，因为未来总是遥不可及的，而且充满了不确定性。未来对于每个人来说都是未知的，每个人的生命都有终点。

　　我在北大教书的时候，曾有同学好奇地问我，我是如何一步步成为今天的我的。我坦诚地告诉他们，我从未刻意规划过自己的人生。当我听到有的老师要求小学六年级的孩子做人生规划时，我感到有些惊讶。我之所以成为今天的我，是因为我始终坚持过好每一天。就这样一天天、一年年地积累下来，在不知不觉中，我就成了今天的我。每个人的生命都是有限的，我们最终都要面对死亡。与其花费时间去想象未来，不如脚踏实地地把握好当下。

　　《孟子》有云："今人乍见孺子将入于井，皆有怵惕恻隐之心，非所以内交于孺子之父母也，非所以要誉于乡党朋友也，非恶其声而然也。"这句话的意思是：如果今天有人突然看见一个小孩要掉进井里了，必然会产生同情心，这不是因为想和孩子的父母拉近关系，不是因为想在乡邻朋友中博取声誉，也不是因为厌恶孩子的哭叫声。假设一个小孩即将掉入井中，人们的第一反应往往是去救他；然而，当我们开始深思熟虑、权衡利弊时，就会面临两种选择——救或不救。我们可能会因为与孩子的家长有过恩怨而选择不施救，对一些问题的担忧也会让我们选择不施救。如果一个人在救助过程中出现了意外，比如未能成功抓住小孩而导致小孩坠落，就会有人误认为是他把孩子推下去的。由此可见，一旦进行了权衡，就难免产生善与恶的分别。孟子认为人性本善，在面对那种情况时，人们的第一反应都是充满善意的，而这种反应才能体现最真实、最本质的人性。有人可能会问：我们应该爱谁呢？古希腊的哲学家们认为，人们应当爱那些比自己更优秀、更美好的人，这样的爱能够激励人们不断进步，从而达到更高的境界。然而，这种爱并不是最伟大的爱，最伟大的爱是爱那些不如自己的人，这种爱更为博大。

我们如果每天都能去爱别人，就自然会感受到快乐。这种快乐是发自内心的，它仿佛从四面八方汇聚而来。真正的快乐是生存方式带给人们的情感体验，它不受外界物质的左右。古人云："先天下之忧而忧，后天下之乐而乐。"但我认为，我们如果把获得快乐寄托于未来，就永远无法体验到真正的快乐。

人们都渴望在现实生活中获得快乐并拥有美好的人生，但生活中的种种琐事和他人的行为常常会让人们感到生气和不满，这使得人们难以践行刚刚我提到的三种生活方式，即生、爱、乐；然而，这并不意味着人们无法追求美好的生活。其实我们可以走进艺术的世界，通过艺术训练自己的心灵。在欣赏艺术作品时，我们可以充分发挥自己的想象力，并通过移情的方式将自己的情感投射到艺术作品中，从中获得愉悦。审美化的生活是美好的生活，艺术化的人生是美好的人生。在艺术领域完成了对自己心灵的训练后，我们便可以在现实生活中保持积极的生活态度。

实际上，美好的生活与金钱、地位关系不大，决定人们能否拥有美好生活的是生活态度。一个拥有美好生活的人一定是一个生动的人。这种生动是指一个人能自然地流露内心的情感和想法。这种人的内心是豁达的，他们能够放下执念和烦恼，能够感受到生活中的点滴美好。我认为苏轼就是这样的人，他的生活态度和生活方式都展示出了豁达的人生观。我们每个人来到这个世界上都只有一个目的，那就是活出自己的样子。如果我们只是盲目地模仿别人，或者按照别人的期望去生活，那么生活就失去了意义。我们应该像苏轼那样，勇敢地展示自己的内在气质，追求真实、自由和快乐。虽然小麻雀和大鹏在体型上相差很大，但它们有各自飞翔的姿态，只要它们按照自己的本性去生活，就都能够实现自我。我衷心希望每一位在座的朋友都能拥有属于自己的美好生活，都能成为自己。

谢谢大家！

第六讲 美学与美好生活

湖畔论道

提问者：

彭教授您好！我是一位美术老师，您的讲座给我带来了很深的感触，让我联想到了费孝通先生所说的那句"各美其美，美人之美，美美与共，天下大同"。在中小学的美术课堂上，我也尽可能让学生去体验并感受各种形式的艺术美，但是作为一位美术教师，我感到有些焦虑。我们在大学里学习和研究的内容是比较单一的、专业化的，但课堂上我们却要教学生们各种形式的艺术。此外，目前中小学美术课堂正在向着数字化课堂转变，这就使老师们也要与时俱进，所以我觉得自己的压力很大。您认为中小学的美育建设应当如何开展呢？

彭锋：

如果孩子们处于小学阶段，我建议老师们不要给孩子过多的负担，而是要让他们更多地通过游戏和自由发挥来接触美、感知美。孩子的思维越发散，他们的想象力和创造力就会发展得越好。我儿子小时候喜欢画画，我从未刻意去教过他，而是让他自由发挥，曾有老师夸赞他有天赋。后来，他开始在老师的指导下学习绘画，但我发现他的画不再那么有想象力了，于是我就不让他学习绘画了。当然，学习艺术的孩子也不能一直这样自由发挥下去。他们如果真的对艺术产生了浓厚的兴趣，并决定在未来成为艺术工作者，就需要接受一定的基础性训练。不同艺术门类的训练时间和训练方式可能会有所不同。例如，想要学习舞蹈的孩子可能需要在很小的时候就开始接受培训，因为随着年龄的增长，身体的灵活性会下降。这位老师刚刚也提到了有关压力的问题，其实我特别希望有人能给我一定的压力，因为没有压力就没有动力。我们要以平和的态度看待生活和工作中的压力，只要我们尽力去做了，也就没有什么遗憾了。

提问者：

彭教授您好，我是上海海事大学徐悲鸿艺术学院的一名学生。您在刚刚的演讲中谈到了人在进化和发展的过程中是如何确立审美观的。我一直对人类的进化与审美之间的关系很感兴趣。我想听听您对这方面问题的看法。

彭锋：

您提到的问题其实与进化论美学或进化论心理学有一定的关系，一些学者对相关内容进行过深入的论述。我觉得美确实与人的生存能力息息相关。如果有人对这一领域的研究非常感兴趣，那么可能需要专注于学术研究，阅读大量的与美学相关的文献，了解如何设计实验、如何开展民意测验、如何分析数据。

提问者：

谢谢老师的解答。那您觉得审美是可以被人为操控的吗？

彭锋：

我觉得审美与趣味有关。18世纪的时候，英国哲学家休谟曾试图分析趣味的标准。正所谓"萝卜白菜，各有所爱"，我们常常觉得每个人都有自己的喜好和兴趣点，但实际上，有些事物确实普遍受到人们的喜爱。休谟试图探寻这些事物普遍受到人们喜爱的原因。他认为，人们之所以会喜欢相同的事物，是因为人们喜欢模仿，这种模仿导致人们的趣味出现了趋同化的倾向。后来，这一理论的合理性受到了部分人的质疑。随着社会的变迁，人们不再像过去那样盲目地模仿他人，每个人都在追求自己独特的审美趣味。

2024年2月29日

（根据讲座录音整理，已经本人审阅）

第七讲

走近电影艺术

戴锦华

嘉宾小传

戴锦华，北京大学中国语言文学系人文特聘教授，北京大学电影与文化研究中心主任；曾于北京电影学院电影文学系任教 11 年，在 1986 年于北京电影学院主持创立了中国第一个电影史论专业。自 1993 年起任教于北京大学比较文学研究所，1995 年于北京大学比较文学与比较文化研究所建立了中国第一个比较文化研究室。戴锦华教授主要从事电影研究、大众传媒与性别研究。戴锦华教授曾于数十个国家和地区进行讲学、访问，著有《雾中风景：中国电影文化 1978—1998》《电影批评》《隐形书写：90 年代中国文化研究》《昨日之岛：戴锦华电影文章自选集》《涉渡之舟：新时期中国女性写作与女性文化》等 10 余部中文专著。其与孟悦合著的《浮出历史地表：现代妇女文学研究》是中国第一部女性主义文学研究专著。其专著被译为韩文、日文、德文、法文等多种语言并出版发行。

赠言寄语

盼望在年轻时
与年轻人共享电影艺术

谢谢北京大学上海临港国际科技创新中心和临港新片区管委会为我提供了这样一次机会，能让我来到这个我从未了解过的地方。我很荣幸能与大家在这里相遇。大家如果在我演讲的过程中出现任何失望和厌倦的情绪，请用身体语言给我暗示或明示，我会察觉到大家传递给我的信息并及时做出调整，让大家不会感到自己的生命被浪费。我有很强的心理承受能力，我可以随时接受来自大家的"暴击"。对我来说，其实我更担心我所分享的内容与大家的预期不符。相信在座的朋友们和我一样，都是因为热爱电影而来到了这里。我也会真诚地和大家在有限的时间内分享我对电影和电影艺术的理解。很遗憾我没有机会了解大家，所以不知道大家希望了解电影的哪些方面。我觉得每一次公共演讲对我来说都是一场冒险，现在我要开始我的冒险了。

这场讲座的主题是"走近电影艺术"，我希望我的介绍能够让大家离电影艺术更近一点，真正走近电影艺术其实并不容易，在这么短的时间之内是很难做到的。我也非常希望通过不同的方式与大家探讨电影艺术。

我们常常提到"电影"一词，其实我们可以将其视为一个复数名词，而不是一个单数名词。在电影的百年发展历程中，电影艺术家们创作了很多不同类型的电影作品，但是我们日常接触到的往往只是某一种类型的电影，而且我们倾向于认为所有电影都是那样的。在座的一些朋友或许有养猫的经历，猫是非常喜欢运动影像的。电视播放世界杯足球赛的时候，猫也是很兴奋的，猫对于运动场上奔跑的人和滚动的球都非常感兴趣。猫对运动影像的迷恋和喜爱出于其本能。我曾看过一则新闻，澳大利亚的某个海滩上有一只猫头鹰,这只猫头鹰很爱看电影,只要有露天餐馆在放映电影,猫头鹰就会立即飞过来,立在大屏幕的对面,影像消失后它才会飞走。似乎这一切都说明了喜欢电影是许多动物的一种本能。

电影艺术是世界第七大艺术,电影艺术家通过电影语言为人们讲述了一个个迷人的故事。从某种意义上说,电影艺术的精妙和复杂程度不输于人类文明史上的任何一种艺术,但是很少有人能意识到这一点,而且人们往往会借助自己最常见到的那种电影来理解或想象电影艺术。人们往往认为电影艺术就是最常见的好莱坞大片,比如《复仇者联盟》等电影。人们容易接触到这些电影,而且也喜欢观看这些电影。人们认为在电影院看电影的时候可以让自己的大脑暂时休息一下。由此可见,人们将看电影视为一种单纯的娱乐体验。

事实上,真正能够代表好莱坞电影的并不是好莱坞动作片,也不是根据漫画改编的好莱坞电影。我认为真正能够代表好莱坞电影的是被称为"好莱坞情节剧"的类型电影,例如《健听女孩》。好莱坞情节剧以其精湛的叙事技巧引领观众进入了一个情感细腻的世界。好莱坞之所以被誉为"梦工厂",是因为它总能够让观众沉浸在电影的情节之中,带领观众走入一个个梦幻般的空间。当电影结束,观众从那个梦幻的出口缓缓走出时,观众的内心会被深深地触动,因为每位观众和电影主人公一样,也曾感到困惑、痛苦、迷惘,他们在电影中找到了情感上的共鸣。

假如你感到万念俱灰,对人生不抱有期待,一部好的电影或许能改变你。当你走出电影院的时候,这部电影会让你"眼里有泪,心里有暖"。好的电影可以让你暂时忘记人生的艰难和现实的残酷,给你力量和希望。从沉重的现实世界进入梦幻的世界,再从梦幻的世界回到现实世界,这个过程使人们的心灵得到了洗礼。那些现实中的困境仿佛被电影融化了、覆盖了、遮挡了。

观众在看电影时往往聚焦于演员和他们的表演。观众习惯于通过演员的演绎来感受角色的魅力,再通过角色来认识演员本人。有时候,观众会因为太喜欢电影中的某个角色而想要了解这个角色的扮演者是谁;甚至有些观众会用演员的名字来指代某部电影，或是因为对某位演员的喜爱而走进电影院，观看这位演员出演的电影。在许多人眼中，一个完整且迷人的故事是一部电影的核心，人们尤其喜爱那些拥有美好结局的大团圆故事，也就是大家常说的那些有"happy ending"的故事。如果某部电影没有完整地讲述一个故事，观众往往会感到愤怒和失望，觉得自己被欺骗了，甚至会对这部电影的导演进行严厉的批评。

商业电影通常在电影创作和院线放映中占据主导地位。这类电影数量多、规模大，并且其内容通常符合社会的主流价值观。它们向人们传达的是正能量的价值观，这类电影深受观众的喜爱。除了商业电影，还有一种电影值得我们关注，那就是艺术电影。由日本导演滨口龙介执导的《驾驶我的车》就是一部艺术电影。这类电影虽然在数量和规模上不及商业电影，但却以独特的艺术魅力吸引着不少观众。坦率地说，我个人对艺术电影情有独钟。艺术电影最初主要由欧洲电影艺术家创作，随着时间的推移，这一创作潮流逐渐蔓延至全球。中国、土耳其、印度、伊朗等国家的电影人也开始投身于艺术电影的创作中。

区分艺术电影和商业电影并非易事，因为二者之间存在许多相互交织的地方；但如果一定要将二者区分开来的话，那我认为艺术电影所展现的往往是对社会生活和人与事的质询、追问、怀疑和批判。它并不像商业电影那样，致力于对社会的主流价值观进行复制和重现。艺术电影能够带领观众以怀疑和审视的目光看待世界。商业电影的创作者通常会在创作过程中复制人们熟悉的套路，虽然其中也会有各种各样的变化，但其创作在整体上遵循着一种模式化的创作方式；而艺术电影的创作者致力于追求电影语言的原创性表达。对于艺术电影而言，复制了其他电影使用过的套路的作品一定是失败的作品，每一部好的艺术电影都应当有自己的独特性。

商业电影常常通过音乐引导观众的情感走向，把控观众的情绪。在观看商业电影的过程中，观众的情绪会自然而然地被电影的镜头语言、视听语言、演员的情绪带动起来，最终使观众形成情感认同并产生共鸣。相比之下，艺术电影在音乐的使用上则显得非常"吝啬"。艺术电影的创作者不会轻易地运用音乐来引导观众的情绪，而是更倾向于通过剧情、表演和影像本身来传达情感和价值观。只有当剧情发展到一定程度时，艺术电影中才会出现音乐。

音乐的感染力是很强的。为什么艺术电影在对音乐的使用上如此谨慎呢？因为艺术电影的创作者更倾向于将选择权交给观众，希望观众能够在观影过程中有自己的主观判断。最近，法国艺术电影《坠落的审判》即将上映。导演通过电影向观众提出了诸多复杂的问题：女主人公在法庭上被判无罪，但她真的无罪吗？从哪种角度来看，她是无罪的？从哪种角度来看，她是有罪的？法律所判定的无罪是否可以直接成为无罪的绝对证明？法律所判定的无罪是否等同于伦理上的无罪？导演将这些问题留给观众去思考。在观看电影时，只要有主题音乐、背景音乐响起，这部电影大概率就是一部商业电影。当然，这只是我的一种感性的判断。我个人非常喜欢艺术电影，因为我觉得自己在观看艺术电影的过程中能够获得自己渴望得到的东西。

对我来说，电影是我一生的挚爱，我对电影的爱至今未曾褪色。20世纪的时候，电影成为世界的中心话题，它承载了整个世纪的记忆和情感。21世纪，在高科技的冲击下，电影艺术逐渐被边缘化；但我仍然坚信，尽管我们身处多媒体时代，尽管每个人都有很多获取信息的渠道，但电影依然能够以其独特的方式展现我们生活的方方面面。

时至今日，电影几乎是唯一一种能够相对准确地展现那些被遮蔽的世界的媒介。当前，几乎每个人的口袋里都装着一部智能手机，它成了我们随身携带的移动通信终端。从理论上看，这意味着我们可以访问世界上的任何一个数据库，了解人类有史以来积累下来的所有知识和文化。毫不夸张地说，互联网和移动通信设备的普及使自主学习和自主教育成为可能。

在过去，专家存在的意义在于他们对某一领域有着全面的了解，他们掌握的专业知识远远多于普通人。然而，在当今时代，我们每个人都能轻松地使用搜索引擎，并在极短的时间内了解某一领域的知识。当然，获取知识与占有知识、理解知识是不一样的。从理论上说，信息高速路可以带我们抵达世界的各个角落，让我们接触到任何领域的知识，但当代人必须深入思考技术的两面性，尤其是年轻一代。技术本身是中立的，但技术应用从来都不是中立的。在发明技术与应用技术的过程中，权力集团、社会公众等众多群体会进行复杂的谈判与博弈。从社会功能的角度来看，技术既有积极的一面，也有消极的一面。

如今，文化的分众化、社会的部落化表现得愈发明显，人们似乎被困在了信息茧房中。我有一位朋友曾在电话中和我说，她在网上看到了很多年轻人不孝敬父母或虐待父母的新闻，她对此感到很担忧。我觉得她之所以总是看到这一类新闻，是因为她曾经认真地看过几个与不孝敬老人、虐待老人有关的视频，随后平台便不断推送相关内容。

实际上，信息的精准推送使越来越多的人被困入了信息茧房。很多人每天只能接触到自己已经知道的信息，我们的喜好似乎被某些了解我们的人所掌握，他们根据我们的喜好来为我们推送信息。这种所谓的"个性化服务"限制了我们的信息获取范围。我们似乎通过互联网实现了与世界的连接，但实际上，我们的视野变得越来越狭窄，甚至连邻居的动态我们都不太了解。在这样的背景下，我更加热爱电影。我每年都会观看两三百部电影。电影让我看到了世界各地发生的事情，特别是那些不被主流媒体关注的人群和事件。电影的魅力不仅仅在于它展示了少数群体的故事，更重要的是，它展现了世界的差异性和普遍性。如今的新媒体平台不断促使我们进入各种社群，社群里的每个成员都有相同的喜好，都有相同的立场。在社群中，一旦有人与大部分社群成员的观点不同，他就可能被排除在社群之外。

曾有一位电影导演表示，当前的媒介结构已使整个世界陷入了认识论危机，我非常赞同那位电影导演的观点。在当前的媒介环境中，人们往往能够轻易地达成共识。人们会发觉周围的人似乎都与自己有着共同的情感和诉求。我们如果日复一日地在这样的环境中生活，就很难对自己的认知产生怀疑，因为我们会认为有这么多人都和自己持有相同的观点，有这么多人都达成了共识。长此以往，我们几乎听不到其他的声音了。然而，我们一旦在其他场合遇到持有不同观点的人，会自然而然地认为他们的观点是错误的、荒谬的，也很难理解和接受他们的观点。如果这种情况不断加剧，网络暴力也会不断增加。为什么网络上会有那么多人用十分激进的方式表达自己的意见呢？因为他们不愿意听到与自己的意见不一致的意见。

我认为电影艺术的重要作用之一就是让人们通过银幕了解与自己不同的人。用学术的说法来说，就是了解他者、认识他者。电影使我们得以窥见我们从未想象过的生活。电影为我们提供了一种全新的审视生活的视角，从而让我们对自己有了更深的理解和认识。在瞬息万变的世界中，有些东西却始终未变，其中之一就是人们获取真知的途径——"读万卷书，行万里路"。我认为，"看万部电影"是另一种形式的"读万卷书"。我很有把握地说，观看50部精选的电影足以改变我们的人生，改变我们的精神面貌。对我个人而言，真正带给我巨大冲击的往往是艺术电影，而非商业电影。当然，商业电影和艺术电影都有好坏之分。我想强调的是，我们不应该用已有的电影知识和观影经验去限定电影艺术。我们如果这样做了，就会失去通过电影艺术了解和探索生命、生活、文化、社会等各个方面的机会。

在过去，我们习惯于将电影简单地划分为商业电影和艺术电影两大类。近年来，我们看到了越来越多的像《布达佩斯大饭店》这样的艺术电影，这些电影具备很强的观赏性和娱乐性。这些电影可以被视为后现代主义艺术电影的代表，或是跨界尝试的产物。我想向大家推荐一部韩国电影——《兹山鱼谱》，我觉得这是一部优秀的电影作品，我很难对其进行分类。我之所以提到《兹山鱼谱》这部电影，是因为我想提醒大家，除了美国的好莱坞电影和欧洲艺术电影，我们也可以多看看其他国家和地区的电影。观看这些电影使我们有机会了解不同的文化。我们可以通过看电影的方式消除偏见，深入了解那些与我们不同但又有着相同之处的普通人。《兹山鱼谱》是一部由韩国导演拍摄的黑白电影，它融合了中国的绘画美学。

当电影的末尾突然出现彩色元素时,那种冲击和震撼是我所无法描述的。这部电影展示了当西方文化冲击非西方社会时,非西方社会是如何以其独特的方式回应这种冲击的。这部电影引发了我对中国历史发展进程的思考,因此,我觉得《兹山鱼谱》是一部伟大的电影。

我们不能够因为喜欢美国的好莱坞电影或欧洲艺术电影而忽视了像《兹山鱼谱》这样的电影。实际上,欣赏其他国家的电影作品可以使我们了解其他国家的历史经验,并反观本国的发展历程。我们该如何认识自己曾走过的路?传统文化如何走向现代化?电影会带给我们许多启发。多样化的电影作品为我们提供了一个了解世界的窗口,让我们有机会与不同的人相遇。电影就像一面巨大的镜子,我们能够通过这面镜子看清自己。

新媒体平台如今无处不在,平台上的信息似乎涵盖了世界上每个角落所发生的事情;然而,从海量的信息中筛选出有价值的内容对我们来说是一个巨大的挑战。目前,新媒体平台推送给我们的往往是我们已知的信息,这就意味着那些未知的内容可能仍然隐藏在深处,等待着我们去发现。因此,当我们谈论互联网给人们带来的便利时,常常忽略了一个重要的问题——如何在海量的信息中准确地找到我们真正需要的内容?

我们习惯于通过检索关键词的方式获取知识,但前提是我们必须知道相关的关键词。过去我们喜欢去书店买书,我们如果看到了一些最新出版的书,就可能在好奇心和求知欲的驱使下买下这本书。如今,我们常常在网上买书,当我们买完一本书,平台还会向我们推送喜欢这本书的人还喜欢哪些书,或购买了这本书的人还购买了哪些书,这使我们难以触及未知领域的知识。同样地,在过去,人们通过报纸和电视看新闻的时候,可能会从国际新闻看到娱乐新闻,这种无意识的浏览让人们能够更全面地了解这个世界。然而,现在很多人可能只关注自己感兴趣的新闻,这使人们在无意间错过了一些重要的新闻。有一次,我问我的学生们杭州第十九届亚运会有没有开幕,我的学生们感到很惊讶,他们告诉我亚运会早就已经开幕了。我确实不知道这件事,因为我从来没有在网上浏览过体育新闻。与互联网上的信息不同,电影具有公共性,电影的传播也具有公共性,因此，我们总能通过某些方式了解到一些电影的存在。这些电影能够帮助我们了解不同的人群、不同的文化、不同的价值追求。

接下来，我想带领大家了解电影的发展历史。相信大家都听过这样一种说法——电影艺术是唯一一门有确切生日的艺术。文学、音乐、美术、雕塑、舞蹈、建筑等艺术形式的出现时间是比较早的，人们很难准确追溯它们的起源。当人们发现了古老的岩画时，甚至无法确定岩画上刻着的是文字还是图画。

法国的卢米埃尔兄弟不仅是发明家，也是"电影之父"。他们拍摄的《工厂的大门》《火车进站》为世界电影的发展拉开了序幕。我听说过一个有趣的传闻，据说电影院放映《火车进站》时，画面中出现了火车向前驶来的镜头，这一画面让观众惊恐万分，大家四散奔逃，以为火车真的要撞过来了。当时的观众还无法区分现实与影像的区别。有的电影会出现比较恐怖的特写镜头，据说有的观众在看到特写镜头后开始尖叫，有的观众晕倒了，还有一些观众直接逃走了。

当我们翻开一本有关电影史的书的时候，如果作者将爱迪生视为"电影之父"，那么这本书的作者很可能是美国人，但大多数人普遍认为电影诞生于法国，"电影之父"是卢米埃尔兄弟。我们知道，爱迪生是一位举世闻名的发明家，他发明了留声机和白炽灯，这些发明为现代文明的发展奠定了基础。为什么一些美国人认为爱迪生是"电影之父"呢？和卢米埃尔兄弟一样，爱迪生也发明了电影摄影机。人们可以用这种电影摄影机拍摄电影，但是观众如果想观看电影，就只能一个人看。卢米埃尔兄弟根据缝纫机的机械原理发明了电影摄影机，并将电影投射在幕布上，供更多的人观看。

我想和大家分享一句话——"电影是影院的艺术"。正因为电影在影院中被放映，电影才拥有了其独特的公共性，观众才得以共享那种无可替代的观影体验。无论是与朋友们一同观赏电影，还是独自观赏电影，当影院的灯光逐渐变暗，放映机的光束投射至大银幕时，一个神奇的视听世界便展现在人们面前。一部好的电影能够让观众忘却自我，并完全沉浸在电影所呈现的世界中。从本质上说，电影艺术带给观众的就是一种沉浸式的体验。如果一部电影不能让观众沉浸其中，那么它就不是一部好电影。我认为一部好电影能够让观众忘记自己的专业知识和观点，全身心地沉浸在电影所呈现的世界中。

在观看不同的电影时，观众会采取不同的观影方式。有些电影需要观众"用眼睛去看"，这种电影能带给人们视觉上的享受和心灵上的抚慰。20 世纪 30 年代的时候，中国的一些早期电影人提倡创作"软性电影"，他们认为电影是给眼睛吃的冰淇淋，是给心灵坐的沙发椅。还有一种电影是需要观众"用肌肉去看"的，比如动作片。在看完一部动作片后，我们会感到浑身酸痛，因为我们仿佛和主人公一同经历了一场冒险。有一种电影是我从来不去看的，那就是一些充满暴力与血腥的电影，我认为这种电影是需要观众"用肠胃去看"的。

20 世纪的电影艺术已经向我们充分证明了，电影涵盖了人类文明史上的所有命题，包括那些最深刻、最微妙的有关哲学的议题。因此，当有人说看电影让自己感到疲惫时，我觉得这是理所应当的，因为一些电影所传递的深刻哲思丝毫不逊于哲学家传递给人们的哲学思想。

虽然我们在观影时会全身心地沉浸在电影中，但我们也清楚，自己要做一个有教养的、文明的观众。进入电影院后，我们首先要做的就是安静地坐下来，并且要对号入座。有的观众在观影过程中频繁地看手机、上厕所，有的观众还会和自己的朋友透露剧情，这说明一些观众的素质还有待提高。一般来说，电影中的情节再紧张、再刺激，我们也不会冲动地冲到银幕前，不过这种事情之前好像也发生过。

据说《白毛女》上映的时候，一位刚刚参军的农村战士在观影过程中因为剧情而愤怒地站了起来，并试图向银幕中的黄世仁开枪。这展现了这位年轻战士强烈的阶级情感，也反映出他之前并没有太多的观影经验。事实上，人们在观影的过程中也需要遵守文明礼仪。我们在日常观影时可以选择穿比较随性的服装，不必像欣赏歌剧时那样，穿比较正式、庄重的服装。现在有很多观众在电影结束后会立刻起身离开，不关心片尾的字幕。但我们可以在一些电影节上看到，大部分观众会在电影结束后耐心地看完所有的片尾字幕，字幕全部展示完毕后他们才会起身离开，因为他们知道片尾字幕也是电影的一部分，他们认为看完这些字幕是一种对电影制作团队的尊重。很多幕后工作者往往没有机会在镜头前露面，他们的辛勤付出只能通过片尾的字幕得以展现。

实际上，对我们而言，观影能力已经被内化为成长经验和教育经验的一部分，但我们可能并未意识到这一点。在成长的过程中，我们不断被各种类型的电影所影响，这些电影向我们传递着各种观念和信息。然而，随着时间的推移，人们开始拒绝深入地理解或剖析电影，忽视了电影作为一种艺术形式所蕴含的重要知识。这不仅会影响我们的观影体验，还会影响我们的审美能力。

电影艺术自诞生以来就要面对一个很大的问题，那就是由男性主导的色彩过于浓厚。我们几乎可以认为，电影在被创造出来之后只有"父亲"而没有"母亲"。这一现象反映了男权文化和父权文化在19世纪和20世纪的强势地位。我认为电影艺术是一种有明确性别的艺术，电影行业一直是男性的特权领域。至今，在好莱坞电影工业体系中，男女从业人员的同工同酬仍未实现，这是一个不容忽视的事实。在很多情况下，一线女演员的片酬往往不及一线男演员的三分之一。近20年来，这种性别不平等的情况已经开始有所转变，但转变的速度相对缓慢。

电影确实拥有众多的"父亲"，其中一位是法国人乔治·梅里爱，他也被一些人称为"电影之父"。作为电影的发明者，卢米埃尔兄弟拍摄了一系列电影；然而，作为生意人，他们并未预见电影产业的巨大潜力和价值，并错误地认为电影只会风靡一时。乔治·梅里爱独具慧眼，他看到了电影的商业价值。乔治·梅里爱把许多优秀的戏剧搬上了电影银幕，剧团的剧目通过电影的形式被重复播放。乔治·梅里爱的电影作品将电影艺术与叙事艺术完美结合，并在20世纪的文化史上留下了浓墨重彩的一笔。

电影在20世纪逐渐接替了小说，成为人类的"说书人"。电影向人们讲述着引人入胜的故事，展示着日常生活之外的虚构世界。有些梦想在现实生活中是无法被实现的，但电影可以帮助人们实现一切的梦想。这要归功于乔治·梅里爱，是他推动了电影艺术与叙事艺术的伟大碰撞。与卢米埃尔兄弟不同，乔治·梅里爱不满足于拍摄现实场景，他开始尝试在电影中加入特效，为电影注入更多的想象力。乔治·梅里爱是科幻电影的开创者之一，他试图通过电影的形式展现人类对未来世界的无限遐想。

纪实和虚构是电影艺术的两条发展路径，因此，我们可以将电影视为有史以来最伟大的记录者和见证人，也可以将其视为有史以来最伟大的魔术师。有一部名为《雨果》的电影提到了晚年的乔治·梅里爱。实际上，在有声片时代到来后，乔治·梅里爱就陷入了破产的境地，最终沦为了小商铺的老板。很多伟大的电影艺术家的结局都是非常悲惨的。随着科技的不断发展，电影艺术也在加速变革。每一次巨大的技术变革都伴随着电影产业的剧烈变革，一部分人会因此迎来全新的机遇，而另一部分人则可能因此而沉沦。在变革的浪潮中，那些有关沉沦者的故事往往会在人们可见的视域中被抹除。

中国在电影方面的发展并未落后于其他国家。事实上，电影在19世纪末就已传入中国，慈禧太后也看过电影。1905年，中国的第一部电影《定军山》在北京完成拍摄。在那个时期，中国面孔频繁出现在法国和美国的大银幕上，但那时中国人往往被视为"异己者""远方的陌生人"，有些国外的电影甚至将中国人的形象妖魔化了，这无疑激起了第一批中国电影人的愤慨。

大多数接受过基本人文教育的人都了解，鲁迅先生在日本留学时受到了日本学生的歧视和侮辱，最终选择弃医从文。他认为，学医固然能帮助人们摆脱病痛，但唤醒国民麻木的灵魂更为关键。然而，鲜为人知的是，许多早期的中国电影人也曾选择弃医从影、弃商从影、弃工从影，因为他们渴望在世界的舞台上塑造积极、正面的中国人形象。我们可以从中国电影的发展历程中看到中国人在世界舞台上探索自我、表达自我的过程。

到目前为止，绝大多数我们熟悉的电影、观看过的电影和那些被广泛讨论的电影都是胶片电影。对于真正对电影艺术感兴趣的人来说，了解这一点至关重要。我们都知道"film"在英文中指的是电影，实际上"film"还有胶片的意思。还有两个英文单词可用于指代电影，一个是"movie"，另一个是"cinema"。"movie"通常指的是商业电影，我一般不愿意用"movie"这个词，因为这个词突出了电影的商业性，似乎带有一种对电影的轻视。"cinema"通常指的是电影艺术，人们也用这个词来指代电影院。大部分人都习惯于用"film"一词来指代电影，由此可见，人们在潜意识中认为胶片对于电影来说是十分重要的。

值得注意的是，我们今天所探讨的所有电影理论实际上都建立在一个重要的前提之上，那就是胶片是电影的基础媒介。随着人们越来越多地使用和依赖影像，"有图没真相"的时代似乎已经到来了。在过去，所有的影像都被记录在了胶片上，这使得图像很难被修改。

伊斯曼柯达公司曾经是世界上最大的影像产品生产商和供应商，该公司生产出来的绝大多数胶片并非用于电影产业，而是服务于各个国家机构。在20世纪，胶片被广泛用于记录重大事件、科学实验、战争和政治活动。很多国家的档案库中都有巨大的胶片恒温恒湿储存柜，以确保胶片能够被长久地保存。如果我们将电影的创作视为文学作品的创作，那么胶片就是纸，摄影机就是笔。后来，我们见证了胶片的衰落和数码技术的崛起。如今，影像中的每一个画面和细节都可以被轻松地修改，这使我们进入了一个"有图没真相"的时代，电影艺术也受到了这场变革的影响。电影艺术正面临技术的冲击，它可能逐渐走向衰落，也可能在新一轮技术革命的推动下再次蜕变，但无论如何，一代代电影人为我们留下的遗产都将为未来电影的发展积蓄动力。

电影是一门高度发达的视觉艺术，其视觉构成是复杂而迷人的。在很多时候，当我们沉浸在电影中，为演员的出色表演所打动时，电影中丰富多样的视觉语言会被我们忽略，例如机位、构图、光与色的运用及场面调度等。当我们称赞某个演员演技精湛时，我们也应当意识到，导演和摄影师的出色发挥同样起到了重要的作用。举个例子来说，有时一位演员因为某一场表演赢得了观众的赞誉，有的记者会采访演员是如何将主人公的情感演绎出来的，演员说导演只是让他坐在那儿，什么都不用演。由此可见，我们不能忽略光与影的巧妙运用、构图的精心设计及摄影机位置的精心安排所起到的作用。在观看优秀的电影作品时，我们实际上是在接受一种直观、有力且有效的美学训练。这种训练使我们能够通过电影去解构光与色，去把握画面的结构，从而形成对画面的感知力。通过对电影画面的把握，我们能够获得一种认识世界、表达世界的新方式。

2012年，伊斯曼柯达公司申请了破产保护，这也意味着电影行业步入数码时代。如今，超过95%的电影都是数码电影，尽管如此，当前的数码电影仍在努力模仿胶片电影的风格和质感，这恰恰说明数码电影尚未形成自己的独特风格。我们可以发现，新媒体的内容往往源于旧媒体。当我们观察手机界面的各项图标时，不难发现这些图标都是旧媒体的标志。电话机的图标指的是拨打电话，唱片的图标则代表音乐，电影放映机或胶片盒的图标代表的是视频或电影。这些图标仿佛是一座座旧媒体的墓碑。当然，这一现象也揭示了一个基本事实——新媒体是旧媒体的延续。当前的数码电影在很大程度上受到了胶片电影的影响，且数码电影还处于发展阶段。

"胶片死亡"不仅象征着一个时代的结束，更引发了一系列视觉文化的深刻变革。随着天网系统的完善，我们已逐渐步入了吉尔·德勒兹在他的著作中提到的"控制社会"。机械视觉监控镜头的出现与电影摄影机的发明有着千丝万缕的联系，但二者又存在本质上的区别。电影摄影机的发明让人们能够通过镜头去观察世界、记录生活，而机械视觉监控镜头的全面应用则使人类成了被机器观察的对象。人的中心地位在过去是无法被动摇的，但新技术的出现正逐渐改变这一局面。

在阅读了几篇关于人脸识别技术的论文后，我深感震撼。我们的面孔是如何被那些机器准确辨识的呢？这并不是一个单纯的技术应用问题。实际上，它背后涉及一系列复杂的参数设定。尽管技术冲击对电影的影响如此之大，但电影人似乎至今还未给予回应。在我看来，"墨西哥三杰"

等导演所创作的作品展现出了对技术变化的深刻理解。他们所拍摄的《荒野猎人》《鸟人》《罗马》都是很不错的电影作品。我们可以发现，人们用稍好一些的相机就能拍摄电影作品，一些大导演也会拿着相机拍电影。阿方索·卡隆就曾手持相机拍摄电影《罗马》。从某种意义上说，电影在改变，电影也没有改变。大家可以看看这些导演拍摄的电影，并观察他们是如何尝试回应新技术所带来的冲击的。

我们经常将银幕比喻为"窗口"，并认为银幕是透明的，世界似乎就在银幕的后面。在探讨电影艺术时，许多电影人和理论家更倾向于将电影比喻为一面"魔镜"，因为它能够以一种独特的方式反映人们的内心世界。有人将电影银幕上的画面视作"画"，因为这些画面是电影艺术家们精心设计过的。电影并不是对现实的简单复制，它体现了艺术家对现实的重新诠释和创造。实际上，这三种比喻揭示了电影艺术的三项基本功能——电影能够再现现实，电影能够反映人的内心与灵魂，电影是构造美的有力手段。作为一种公共艺术，电影艺术具有赋予人性的功能。阮玲玉曾在《神女》一片中扮演了一名街头妓女。通过这部电影，我们看到了看似最卑贱的人展现出了最伟大的母爱。在这部电影中，边缘人、卑贱者、局外人被赋予了人性。当然，电影艺术也具有剥夺人性的功能。在某些电影中，在讨论某些群体时，画面中会出现蟑螂、老鼠等肮脏且繁衍力极强的动物。

我们可以看到，20世纪的许多电影海报选择以人的背影作为主要画面。在一些电影的前半部分，主角未曾以正面示人，当电影快要结束时，观众才能看到主角的脸庞。这种呈现方式使观众与角色建立了情感上的连接。观众通过电影走进他们的生活，了解他们的经历，感知他们的内心世界。特别值得一提的是，这些电影往往聚焦于那些被标签化、污名化和被剥夺了发声机会的人群，我们得以通过电影看见他们、了解他们。

电影为我们提供了一个理解人性的平台，热爱电影的人能够通过观看各种不同类型的电影更深入地洞察人性。我们的生命虽然短暂且有限，但电影使我们的生命变得更为丰富和充实。好的电影能够拓宽我们的视野，加深我们对自我的认识。更重要的是，电影能让我们意识到，什么是我们所拥有的，什么是我们所匮乏的。

电影就像一面镜子，它是一面照见自我之镜，而不是自恋之镜。在观看电影的时候，我们有机会借由他人的故事和经历更加深刻地了解自己。这使我们能明确自己的位置，避免陷入自恋之中，因为自恋往往会导致自怜，从而让人们丧失理解他人的能力。在古希腊神话中，美少年纳西索斯因迷恋自己的倒影而无法自拔。他临水自照，沉醉于自己的美貌，忽视了深爱着他的山中仙女。我们如果仅仅关注自己，就会陷入一种虚幻的满足感中，这种自恋并不能为我们带来幸福的体验。

人类的生活是纷繁复杂的，世界是广阔无垠的，我们的脚步所能到达的地方是有限的。然而，电影为我们提供了一种可能、一种机会，它带我们走向远方，让我们走进他人的世界。通过电影这面"魔镜"，我们不仅能够看到他人的生活，更能发现一个更真实的自己。这份真实使我们能够更好地理解自己，更好地融入社会。尽管现代技术让我们变得越来越"宅"，但社会性是人类的本质特征，这是无法被改变的。我很高兴能够在这里与大家分享我对电影的爱，希望我的这份爱能够触动到你们。

谢谢大家！

湖畔论道

提问者：

戴教授您好，我是上海电影学院的一名大三的学生，非常荣幸能够与您交流。我对电影艺术和大众文化有着浓厚的兴趣。无论是好莱坞打造的震撼人心的商业大片，还是早期的欧洲文艺电影和近代的先锋实验电影，都能让我更好地体悟人生。前几天在北大首映的《坠落的审判》引发了我对电影艺术的进一步思考。我注意到观众和网友对这部电影有着不同的看法，甚至出现了二元对立的倾向。2024年，克里斯托弗·诺兰执导的《奥本海默》被评为奥斯卡金像奖最佳影片，获得这一奖项的不是像《芭比》或《可怜的东西》这样的更具商业性、女性主义色彩的电影或与当下社会热点联系得更紧密的电影。我想知道您对这一现象的看法。

戴锦华：

我想如果要回答这一问题，我们还是应该回归到电影本身。其实我发现了一个特别有趣的情况，那就是男性观众和女性观众对《坠落的审判》这部电影的解读很不一样，似乎性别经验会在很大程度上影响人们对这部电影的看法。在评价一部电影的时候，我会首先关注它的艺术成就，而不是它的立场或某种倾向性。一部电影只有在艺术上达到及格线，我才会进一步探讨它的社会价值和文化价值。我认为一部好的电影是能够深深打动我的，如果它在情感上触动了我，我才会对它进行深入的探讨。

《坠落的审判》的导演曾在现场提到，在这部电影中，真正的主角是孩子，她是以自己女儿的视角来构思整个故事的。这个提示对我来说非常关键，它让我重新审视了这部电影。后来我又看了一遍这部电影，我惭愧地发现自己作为专业电影人竟然忽略了孩子才是这部电影真正的叙事视点。换句话说，在这部电影中，孩子是决定了法庭审判结果的关键人物。具有不同文化背景的观众可能对这部电影有截然不同的看法。这部电影的导演说，法国观众可能更倾向于认为女主角是无辜的，而美国观众则普遍认为女主角是杀人者，她说她也很想知道中国观众是怎么想的。我觉得这也是这部电影的迷人之处，所以我们很难完全用女性主义理论来解释这部电影的魅力。

《坠落的审判》与《芭比》不大一样，因为《芭比》是美国的一家玩具制造商和华纳兄弟联合出品的。同时，《芭比》这部电影具有极强的观念性。《坠落的审判》是一部以细节取胜的现实主义电影。《奥本海默》被评为奥斯卡金像奖最佳影片是在我意料之内的。近些年来，像《奥本海默》这样的既具有好莱坞特色又取得如此巨大的成功的电影已经很少了。每个奖项的颁发都有其特定的标准和考量依据。奖项的评选并不仅仅基于性别视角，艺术价值和社会价值也是重要的考量标准。

电影所讨论的命题是多元的、丰富的，技术、工业、美学、民族文化等都是构成电影艺术的重要元素。因此，单一的理论是无法完全概括电影的全部内涵的。我认为我们更应当关注电影本身所传达的情感。灰色的理论到处都有，只有生活之树四季常青、郁郁葱葱。

提问者：

戴教授您好，我是来自上海海洋大学的大四学生。我是一名电影专业的门外汉，但是我确实是一名资深影迷。我看过很多电影，但是我发现自己没看过太多关于女性的电影。您觉得女性导演及女性编剧在电影艺术的发展中起到了什么样的作用呢？如果有更多的女性艺术家参与到电影的创作中，她们创作出的电影将呈现出什么样的特点呢？

戴锦华：

这个问题比较难回答。我认为女性进入电影产业并参与摄影、导演、制作等各个环节是改变电影行业中所存在的单一男性叙事视点的前提条件。近年来，越来越多的女性从业者进入电影领域，但是到目前为止，电影中的女性美学尚未完全形成。

我特别欣赏和认同的女性导演的作品都展现出了我们在男性导演所拍摄的电影中很少能看到的视角，是女性独特的生命经验赋予了电影独特的视角。我尤其欣赏中国女导演黄蜀芹的观点，她曾在上海电影制片厂工作，她也是我的忘年之交。她曾形象地说，女性导演的工作就像是为窗户朝南开的房子再开一扇朝东或朝西的窗。总而言之，我认为我们不能将女性主义视作与父权主义相对立的女权主义。

女性主义的精神内核是追求平等、对抗一切形式的权力压迫。我并不认同那些以经典男性电影为模板创作出来的女性电影。这类电影往往只是简单地将男性对女性的欲望观看转变为女性对男性的欲望观看，缺乏深度和原创性。我更欣赏那些能够展现全新视角和体现了对社会现状的深度思考的女性电影。近年来，我们可以看到越来越多的女性电影人开始崭露头角。戛纳国际电影节连续几年将大奖颁给女性导演，这些导演之所以能够获奖，是因为她们创作的电影的确是最出色的，并不是因为她们是女性。我们可以看到，女性电影人的获奖比例越来越高。我相信，将有越来越多的优秀的女性电影进入大众的视野。在不久的将来，当女性电影更为丰富、成熟的时候，我们可以再来探讨它们的美学特征是什么。谢谢你的提问。

提问者：

戴老师好，我非常高兴能参加今天的活动，与您进行交流。我想请教戴老师一个关于电影和电视剧之间关系的问题。在我们的认知中，电视剧的地位似乎比电影的地位稍低一些，电视剧可能不像电影那样具有很强的艺术性。今年，电视剧《繁花》引起了大家的广泛关注，它是由著名导演王家卫执导的。《繁花》虽然是一部电视剧，但王家卫导演却运用了许多电影的拍摄手法。您觉得电视剧和电影之间有哪些共同点和不同点呢？谢谢！

戴锦华：

实际上，电影与电视剧在视听语言的构造上没有什么本质上的不同。30多年来，很多人都说"电影要死了"。我认识一位在电视台工作的资深电视人，我和他的关系很不错，他一听到我在谈论"film is dying"就感到很生气。他说我讨论了这么久，电影还活着，但是实际上是"电视要死了"。听了他讲的这番话后，我才突然意识到，在推行"三网合一"后，传统意义上的电视艺术就逐渐走向了衰落。

如果我们一定要将电影和电视剧区分开来，我觉得二者最大的不同之处在于观影环境的不同。观看电影时我们会发现，电影的放映环境是比较简洁的；但看电视剧的时候，我们往往会先打开电视机，然后换个衣服、做个饭，电视剧的声音成了一种环境音。我们无论多么喜欢一部电视剧，都会断断续续地去看它，在看电视剧的过程中，我们会去一趟洗手间或者接个电话，所以我们很难完整地看完一部电视剧。因此，一个重要的信息会在电视剧中多次出现。

电影演员通常需要展现出某种超越性的特质，他们所塑造的角色和形象往往具有某种神秘感或吸引力；而电视剧演员则不同，他们的形象需要更加贴近观众的日常生活，他们经常会扮演"国民女婿"或"大众媳妇"这样的角色，或呈现出一种邻家男孩或邻家女孩的形象。电视屏幕的尺寸相对较小，因此电视剧的视觉语言必须简洁明了。相比之下，电影是一种更为复杂的艺术形式。很多人现在习惯于在小屏幕上看电影，但我认为只有影院的大银幕才能充分展现出电影的魅力，观众只有在影院里观影，才能获得更好的观影体验。影院在，电影在；影院亡，电影亡。

一般来说，电影的时长通常会受到严格的限制，大多数电影都会在有限的时间内完成对故事的叙述。这种限制使得电影制作团队必须对信息进行筛选、提炼和压缩，并确保在有限的时间内呈现出一个完整的故事。相比之下，电视剧常常由长篇小说改编而成，它的时长不会受到严格的限制。

我平时不太看电视剧，因为看电视剧是很容易让人上瘾的。如果出现了一部现象级的电视剧，我就会废寝忘食地把这部电视剧看完。上一部让我废寝忘食的电视剧是《漫长的季节》。其实我一直想找时间把《繁花》看完，但是我还没来得及看。等有时间的时候，我会去看一下《繁花》，如果我们还有机会进行交流，我再回答你提出的关于《繁花》的问题。谢谢！

2024 年 3 月 26 日

（根据讲座录音整理，已经本人审阅）

第八讲

天才达·芬奇面面观

丁宁

嘉宾小传

丁宁,北京大学博雅特聘教授、博士生导师,兼任中国美术家协会理事、中国北京国际美术双年展策划委员、教育部高等学校美术学类专业教学指导委员会副主任委员等;曾获霍英东教育基金会第五届高等院校青年教师奖一等奖、首届"中国美术奖·理论评论奖"、第十八届北京市高等学校教学名师奖,曾获得希腊奥纳西斯基金会最高研究基金、德国ZKM研究基金、美国盖蒂研究院研究基金,曾获得哈佛大学意大利文艺复兴研究中心研究资助,曾被评为北京大学"十佳教师"。著有《接受之维》《美术心理学》《绵延之维:走向艺术史哲学》《艺术的深度》《图像缤纷:视觉艺术的文化维度》《美术鉴赏》《感动心灵的西方美术》《西方美术史》《视远惟明:感悟最美的艺术》《图像无言:阐释艺术的意蕴》等著作。

赠言寄语

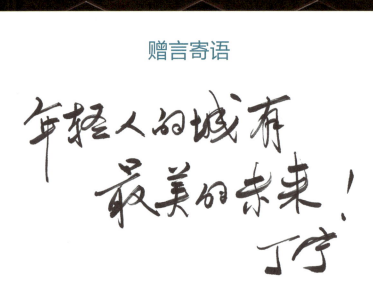

年轻人的城有
最美的未来!
丁宁

诸位晚上好。今天非常高兴能来到临港，与大家一起探讨有关达·芬奇的话题。我今天上午特意去了浦东美术馆，发现展览中的一件作品正好与达·芬奇有关。这件作品是目前人们所发现的最早的达·芬奇原作《蒙娜丽莎》的临摹画，因此它意义非凡。

从某种程度上说，达·芬奇并不是一位单纯的艺术家。他才华横溢，并且是一位多面手。他曾参与过城市河道的建设，还设计过潜水艇、滑翔机及各种各样的机械装置。他懂得如何解剖人体，会制作各种乐器，会演奏竖琴，而且他的歌声极其迷人。由此可见，他是一位非同寻常的天才。

恩格斯在评价意大利文艺复兴时曾表示："这是一次人类从来没有经历过的最伟大的、进步的变革，是一个需要巨人而且产生了巨人——在思维能力、热情和性格方面，在多才多艺和学识渊博方面的巨人的时代。"提到"文艺复兴三杰"，我们就会想到达·芬奇、米开朗琪罗和拉斐尔，达·芬奇无疑是这三位艺术家中最重要的一位。甚至曾有人指出，世界上的博物馆可以被简单地划分为两类——一类是拥有达·芬奇作品的博物馆，另一类则是没有达·芬奇作品的博物馆。

从时间线上看，达·芬奇、米开朗琪罗、拉斐尔这三位伟大的艺术家生活在同一时代并有过交集。谈及达·芬奇，有几个关键点不容忽视。首先，他是一名私生子，他的人生起点是与众不同的。他的生母是一位社会地位低下的农民的女儿。达·芬奇在很小的时候与生母相依为命。后来，他来到了父亲的家，与父亲和继母一起生活。因此，他的生命中出现了两位母亲。奥地利心理学家弗洛伊德曾指出，这种特殊的成长经历可能使达·芬奇具有强烈的恋母情结，这在他的艺术作品中也有所体现。

其次，达·芬奇曾有幸跟随一位非常杰出的意大利艺术家学习绘画，这位艺术家叫韦罗基奥。他被人们称为"真眼大师"，因为他确实能够将自己的所见或所思画出来，而且画得十分逼真。韦罗基奥教达·芬奇绘画，可是他很快就发现达·芬奇比他画得还要好。在绘画方面，达·芬奇在20多岁的时候就超越了他的老师韦罗基奥。据说，当韦罗基奥看到达·芬奇的画作时，曾激动万分地对达·芬奇说："它是如此的完美，看来我以后只能去拿雕刻刀了。"相信大家都知道达·芬奇的《最后的晚餐》和《蒙娜丽莎》。很多人都会去法国的卢浮宫博物馆欣赏《蒙娜丽莎》，但在面对这幅画时又感到困惑，因为人们无法感受到它的魅力，不知道为何它能在西方绘画史上独领风骚。

都灵皇家图书馆收藏了不少达·芬奇的作品，其中一幅最引人注目，这幅作品就是达·芬奇的自画像（见图8-1）。但是这幅作品真的是达·芬奇的自画像吗？画中的老人看起来异常苍老，并不像是60多岁的达·芬奇。

图8-1 达·芬奇的自画像

在这幅自画像中，老人的上下嘴唇是闭合的，而且上嘴唇明显瘪了进去，这似乎是老年人门牙脱落后的特征。达·芬奇并未活到那么老，那么他为何要如此描绘自己呢？这至今仍是一个谜。当然，仅凭这个疑点，我们并不能断定这幅作品就不是达·芬奇的自画像。

这幅作品中的老人虽然看起来比较苍老，但炯炯有神的目光透露出老人的睿智，这是我们在文艺复兴时期的其他肖像画中很少能看到的。这幅作品不常被展出，大概每隔几年才会展出一次，因此，能够亲眼看到这幅作品的人并不多。

达·芬奇有很多没有完成的作品,这是让我们感到很遗憾的。他曾在《三博士朝圣》(见图8-2)这幅作品中描绘过圣母子的形象,我们可以从母亲的脸上看到一种特别的笑意。这一刻她还没有笑,但下一秒她似乎就要露出微笑了。这幅作品将母亲自然、优雅的状态展现得淋漓尽致。在中世纪的艺术作品中,儿童常常具有一种与其实际年龄不相符的成熟感,但达·芬奇却打破了这一传统。在这幅未完成的作品中,圣子好奇地张望着来自远方的三位国王。达·芬奇在这幅作品中描绘了儿童天真烂漫的形象,毫无顾忌地展现了儿童的真实状态。

图8-2 达·芬奇创作的《三博士朝圣》

图 8-3 是韦罗基奥创作的《托比亚斯与天使》，年轻时期的达·芬奇也曾参与这幅作品的创作。在这幅作品中，右侧的人手中提着的鱼和天使旁边的小狗是学徒时期的达·芬奇画的。达·芬奇画得很不错，但当时他在绘画方面的才能似乎并未超越他的老师。

图 8-3　韦罗基奥与达·芬奇共同创作的《托比亚斯与天使》

那么，达·芬奇究竟在何时超越了他的老师呢？我们可以来看这幅韦罗基奥与达·芬奇共同创作的《基督受洗》（见图8-4）。在这幅作品中，韦罗基奥完成了画面的主体部分。画面的左下角绘有两个跪着的天使，左侧的天使出自达·芬奇之手。从这幅作品中，我们或许能看到达·芬奇超越韦罗基奥的迹象了。

图8-4　韦罗基奥与达·芬奇共同创作的《基督受洗》

为何我们能从这幅画中看出达·芬奇有超越其老师的潜力呢？如果我们将韦罗基奥所绘的约翰的脸（见图8-5）与达·芬奇所绘的天使的脸（见图8-6）放在一起进行比较，便会发现达·芬奇将天使眼中晶体的质感表现了出来，韦罗基奥虽然也画得不错，但在眼睛的刻画上却稍逊一筹。正是在达·芬奇参与了这幅画的创作后，韦罗基奥向众人表示自己以后不再画画了，而是准备转向雕塑领域，他认为当时的达·芬奇已经超越自己了。当然，韦罗基奥后来还在绘画领域努力钻研。

图8-5　韦罗基奥所绘的约翰的脸

图8-6　达·芬奇所绘的天使的脸

达·芬奇在多个领域展现出了卓越的才华。他曾尝试制作巨型青铜雕塑，这对艺术家的要求是非常高的。作为建筑师，他设计过城堡、运河及军事堡垒。此外，他还是一位数学研究者，他精通立体几何，并热衷于研究各种机械装置。值得一提的是，他还进行过人体解剖，这在当时是一件非常了不起的事情，因为当时的人们是很难获取尸体的。达·芬奇曾与一位医生进行合作，共同进行解剖，但后来两人因各种原因失去了联系，于是达·芬奇求助于盗墓者，从盗墓者那里获取用于解剖的尸体。尸体是非常容易腐烂的，在文艺复兴时期，消毒技术也是非常落后的。如果操作失误，解剖者就会被感染。在这样的条件下，达·芬奇居然解剖了几十具尸体，其中包括不同年龄段、不同性别的尸体，他甚至解剖过婴儿的尸体。为了了解人类的眼睛，达·芬奇还对人类的眼睛进行了非常细致的解剖，这项工作的难度是非常大的。虽然当时人们还无法用录像设备将操作过程记录下来，但达·芬奇在自己的手稿上对解剖情况进行了详细的记录。解剖使达·芬奇改变了对人体的看法。他通过解剖发现，每个人的生理结构其实都是一样的，但是在现实生活中，人与人的差距却很大。这促使他开始思考人的精神和肉体之间的特殊关系。

在文艺复兴时期，达·芬奇提出的崇尚自然和强调实际观察的观点确实改变了人们对世界的认识。在此之前，人们认为是神创造了一切，而达·芬奇的观点则挑战了这一传统观念。据统计，他的手稿共有1万多页，如果这些手稿全部被出版成书的话，大致相当于120本书。

2019年，为纪念达·芬奇逝世500周年，卢浮宫博物馆举办了一场盛大的纪念回顾展。到目前为止，卢浮宫博物馆是世界上收藏达·芬奇作品最多的博物馆，著名的《蒙娜丽莎》就收藏于卢浮宫博物馆。这场展览引起了我浓厚的兴趣，但当时我正计划前往爱丁堡大学参加一场学术会议。我希望能兼顾这两个活动，但发现行程安排上存在冲突。在权衡之后，我认为自己未来还有机会参加学术会议，而这场展览则是百年一遇的。于是，我决定放弃参加学术会议，前往法国参观展览。然而，在办理完所有手续后，我发现已经买不到展览的门票了。情急之下，我联系了在巴黎大学执教的老朋友，问他是否有办法买到展览的门票。他联系上了卢浮宫博物馆的馆长，最终我得到了参观展览的机会。

我在出发前就得知，收藏于威尼斯美术学院美术馆的《维特鲁威人》（见图 8-7）将被运到卢浮宫博物馆展出。那幅作品是一幅人体比例图。然而，展览即将开幕之际却发生了一个小插曲。威尼斯的高等法院突然介入，并声称《维特鲁威人》是国宝级的文物，不能被带出威尼斯。这一消息让整个展览筹备团队感到措手不及，因为如果《维特鲁威人》不能参展，那么整个展览的完整性将会受到严重的影响。幸运的是，经过各方的努力与协调，《维特鲁威人》最终被允许带出威尼斯。遗憾的是，当我到达卢浮宫博物馆时，《维特鲁威人》已经因为超过了外借的期限而被送回了威尼斯，我错过了亲眼看到它的机会。

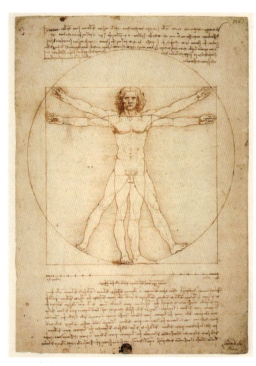

图 8-7　达·芬奇创作的《维特鲁威人》

在这场展览中，达·芬奇最重要的作品《蒙娜丽莎》并不在其中，因为如果参观人数过多，观众的观展体验就会受到影响。不过，人们可以在这场展览中借助先进的 VR 技术来欣赏《蒙娜丽莎》。这种特别的展示方式让我第一次了解到这幅画作隐藏着许多人们用肉眼难以察觉到的细节。根据研究，《蒙娜丽莎》这幅作品上覆盖了 30 层颜料！每一层都经过画家的精心绘制，这使画面呈现出了逼真的光影效果。达·芬奇先画了一个白色的底层，再一层层地往上覆盖颜料，每层仅有几微米厚。当我们借助 VR 技术仔细观察这幅画作时，会发现一个惊人的细节——这幅画的第六层似乎还隐藏着另一个人物。为什么达·芬奇的《蒙娜丽莎》

隐藏着这样的秘密呢？他是出于何种目的呢？这些问题引发了人们对这幅画的好奇。此外，达·芬奇并未像其他画家那样频繁地描绘贵族或重要人物，而是选择画一位中产阶级的女性。这背后的原因又是什么呢？通过这次展览，我深刻感受到《蒙娜丽莎》不仅仅是一幅简单的肖像画，它的背后蕴含着许多等待人们解读的东西。这也正是这幅画能够成为传世之作并持续吸引无数观众前来欣赏的原因。

达·芬奇的作品数量在文艺复兴时期的画家中并不算多，但其手稿中的内容却极为丰富，这些手稿不仅展现了他的艺术才华，更反映了他独特的思考方式。达·芬奇的手稿（见图8-8）常常是图文并茂的。在数字时代，人们习惯于使用图文结合的记录方式，而达·芬奇早在几百年前就开始使用这种记录方式了。更令人惊讶的是，达·芬奇手稿中的文字是镜像字，而且这些字的排列顺序是从右至左的，这种独特的书写方式不仅令人叹为观止，也引发了人们对其背后原因的猜测。一些学者认为，达·芬奇写镜像字是为了保密；然而，这种解释似乎不是很合理，因为任何拥有镜子的人都可以轻易解读这些文字。也许达·芬奇是想通过这种书写方式展示自己的与众不同。

图8-8
达·芬奇的手稿

我们可以通过达·芬奇的手稿窥见他那无尽的奇思妙想。他对自然界的热爱使他热衷于画各种生物，如鸟类（见图8-9）。在画鸟类时，他会想象自己能否像鸟儿一样自由自在地翱翔于天际，这种对飞翔的渴望促使他着手设计滑翔机。同时，他还会进一步思考如何在飞行中安全降落，于是，他开始发明降落伞。尽管他所设计的降落伞与现代的降落伞有所不同，但他设计的降落伞确实能够在一定程度上让使用者在从天空降落时免受伤害。无论是天文地理还是人体结构，他都进行过深入的研究，这使他的作品被世人所欣赏。曾经的世界首富比尔·盖茨也十分欣赏达·芬奇，他不惜花费上千万美元购买达·芬奇的部分手稿。

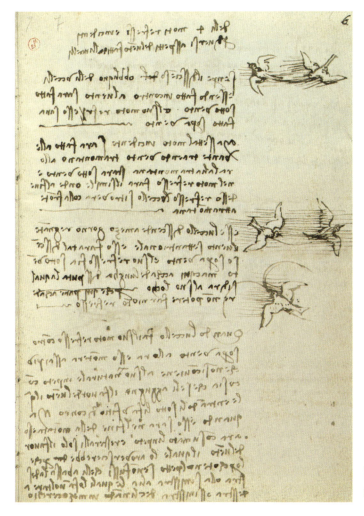

图8-9

达·芬奇的绘有鸟的手稿

达·芬奇的创意与当今人们的生活紧密相连。举例来说，他的手稿中竟然出现了自行车的雏形（见图 8-10）。此外，达·芬奇还设想过发明一种将水从低处提升到高处的水力装置（见图 8-11）。

图 8-10　达·芬奇的绘有自行车的手稿

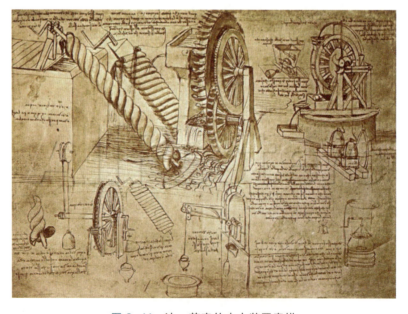

图 8-11　达·芬奇的水力装置素描

达·芬奇在自己的手稿中详细地描绘出了人体的结构，他还绘制了女性子宫的解剖图（见图 8-12）。达·芬奇在解剖的过程中对人的血液循环系统和心脏的工作原理进行了研究。在一次会议上，我遇到了一位北大医学部的老师，他教授过解剖课，于是我问他如何看待达·芬奇在人体解剖方面提出的理论，他说达·芬奇提出的理论是超前的。令人遗憾的是，他的大部分研究成果在当时都未被公开发表出来。

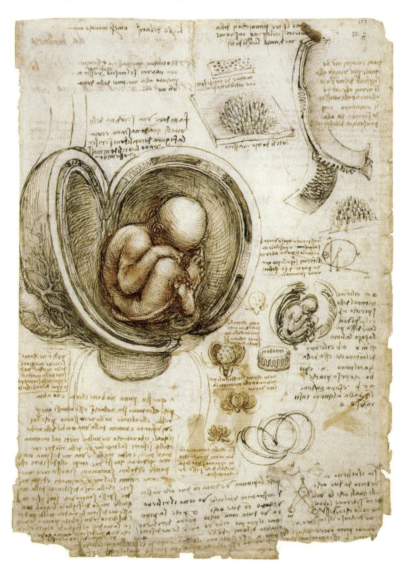

图 8-12　达·芬奇手绘的女性子宫解剖图

达·芬奇还曾研究过水的流动和岩石的结构。曾有人认为，西方最早的风景画是达·芬奇创作出来的。在参观英国的一场展览时，我首次了解到了达·芬奇在桥梁设计方面的成就。最初，我对他所设计的桥的实用性表示怀疑；然而，当我有幸亲眼见到挪威的一座桥的时候，我所有的疑虑都烟消云散了。有一年，我跟随中国美术家代表团去挪威访问，挪威的艺术家很热情，他请所有人到他家吃饭，大家那天吃得有点多，于是决定晚上出去散散步。在散步的途中，我们突然发现不远处有一座造型独特的桥。挪威的艺术家说这座桥叫金角湾大桥，它也被称为"达·芬奇桥"。这座桥是设计师根据达·芬奇的设计思路设计出来的。由此可见，达·芬奇当初的很多设想是可以落地的。

心理学家弗洛伊德曾说，当许多人还沉睡于黑暗之中时，达·芬奇已经醒来并开始了他的思考。据说，达·芬奇每天只睡 4 个小时，而他的睡眠方式也十分独特。他会在 1 天内睡 4 次觉，其中最长的那次是凌晨两点半到五点半；其余 3 次睡眠的时长仅为 20 分钟，累计起来只有 1 个小时。人们将这种睡眠模式称为多相睡眠模式。有人可能会好奇，这样的睡眠模式是否足以支撑达·芬奇的日常工作和生活。事实上，确实有人试图模仿他的睡眠模式。在日本，一群达·芬奇的粉丝成立了一个协会，他们的作息时间与达·芬奇的作息时间完全一致，还有人给他们拍了一部纪录片，证明达·芬奇的睡眠模式是可行的，但是我觉得 4 个小时的睡眠时间对普通人来说似乎太短了一点。

达·芬奇对天文学也十分感兴趣。他曾提出地球并非宇宙中心的观点，这一观点在当时被视为对宗教教义的挑战，因为那时的人们普遍认为地球是由上帝创造的，并且地球位于宇宙的中心。在物理学领域，达·芬奇对光学的研究尤为深入，他曾研究过光的速度和成像原理，甚至有人推测他可能已经发现了小孔成像的原理，并将其应用于绘画中。在气象学方面，达·芬奇解释了大气折射的现象，这对于他的绘画实践同样具有指导意义。他观察到远处的物体因大气折射而显得模糊，而近处的物体在人们的视线中更为清晰。

图 8-13 展示的是达·芬奇为法国国王弗兰西斯一世设计的一座双螺旋楼梯。该楼梯的独特之处在于其采用了双螺旋的设计结构，这种设计结构使上下楼梯的人能够沿着两条相互独立、互不干扰的螺旋路径行走，从而避免了人们因在楼梯上相遇而感到尴尬的问题。

图 8-13 达·芬奇设计的双螺旋楼梯

在水利方面，达·芬奇亲自参与了佛罗伦萨的河道改造工作。在军事领域，达·芬奇发明了装甲车、连环发射的火炮等军事装备。达·芬奇曾给米兰公爵写过一封自荐信。在这封信中，他详细列举了自己的十大才能；然而，令人惊讶的是，他将自己的绘画才能排在了最后一位，仿佛绘画对他来说并不那么重要。在几百年后的今天，人们却将他视为一位伟大的画家。达·芬奇对地理和地质也颇有研究，他对地貌和化石特别感兴趣。此外，达·芬奇也涉足过生物学和哲学领域，他强调眼见为实和观察的重要性。达·芬奇还是一位杰出的雕塑家。图 8-14 就是达·芬奇创作的一件雕塑作品，名为《花神半身像》。女性生动的姿态和即将绽放的笑容都展现出了他精湛的雕刻技艺。这件雕塑作品也体现了他捕捉细节的能力。

图 8-14　达·芬奇创作的雕塑作品《花神半身像》

图 8-15 是达·芬奇在早期创作的雕塑作品《圣母与微笑的圣婴》。起初，人们并不知道这件作品是达·芬奇创作出来的，但一位意大利的美术史教授在深入研究雕塑的细节后发现，这件雕塑作品的细节与达·芬奇素描作品中的部分细节极为相似，特别是雕塑中圣母玛利亚衣服的下摆。此外，玛利亚即将绽放的笑容也与达·芬奇的表现手法相吻合。

达·芬奇曾接受米兰公爵的委托，为纪念米兰公爵的父亲创作一尊大型青铜雕塑，这尊雕塑所要展现的是一匹奔跑的马。他所设计的马有一个独特之处——这匹马仅有两条腿落地，这不仅是对雕塑家技艺的挑战，更是对雕塑家计算能力的考验。他在设计的过程中提出了分段铸造的方法，即分别铸造雕塑的各个部分，然后再将它们巧妙地连接在一起。由于受到战争的影响，达·芬奇的设计方案最终未能落地。

图 8-15　达·芬奇创作的雕塑作品《圣母与微笑的圣婴》

在音乐领域,达·芬奇同样展现出了非凡的才华。有资料记载,他亲自设计并制作过多种乐器,如竖琴等,并且擅长弹奏很多乐器。据说他的嗓音非常有磁性,他还为米兰公爵弹奏过竖琴。

人们常说,素描是绘画的基础,从达·芬奇的素描作品中,我们可以感受到他深厚的绘画功底。他能够用寥寥几笔勾勒出人物的轮廓,并在未使用颜料的情况下,通过细腻的笔触将眼睛的晶莹剔透表现出来,这种高超的绘画技巧令人叹为观止。我们还可以通过达·芬奇的素描作品看到,他对女性发饰有着浓厚的兴趣。欧洲贵族女性的发饰种类繁多,所以达·芬奇也会在自己的素描作品中细致地描绘这些发饰。

图8-16展示的是达·芬奇创作的《天使报喜》,这幅作品描绘的是天使翩然而至,向正在读书的玛利亚传达了一个神圣的消息——玛利亚将会生下一位圣婴。当玛利亚听到这个令人震惊的消息时,她举起了手,身体微微后仰,表达出了自己的惊讶。在这幅作品中,我们可以看到达·芬奇对细节的极致追求。书籍的纹理清晰可见,而玛利亚身前的茶几上刻有常见于古罗马石棺的装饰元素。天使跪坐之处布满了花朵,这些花并不是达·芬奇随意画出来的,这种花是一种在托斯卡纳十分常见的花。

图 8-16　达·芬奇创作的《天使报喜》

图 8-17　收藏于卢浮宫博物馆的《岩间圣母》

由于小说《达·芬奇密码》的流行,《岩间圣母》这幅作品也备受人们关注。图 8-17 展示的是收藏于卢浮宫博物馆的《岩间圣母》(以下简称卢浮宫版《岩间圣母》)。达·芬奇的这幅作品展现了母亲对孩子深沉而无私的爱。画中的玛利亚身着佛罗伦萨女性的日常服饰,温柔地注视着自己的孩子。身后的岩石象征着母爱的伟大与永恒。我们可以注意到,这幅作品有一些不同寻常的细节。例如,玛利亚身边的圣婴双手合十,这个姿势通常用于接受祝福,圣婴通常不应当做出这样的动作。天使旁边的男孩约翰则手心朝外,竖起两根手指,这通常表示祝福。圣婴与男孩的手势似乎与人们的传统观念相悖。同时,玛利亚的五指呈现出鹰爪一样的形态。其实,如果我们对艺术史有过深入的了解,这些都不足为奇。画作中的岩石背景也引发了人们的好奇。有人认为,画面背景中的风景似乎和中国的山水画有着相同的特征。于是,有人认为达·芬奇也许看过中国北宋时期的山水画。在难以实证的情况下,这只是一种猜测。

从这幅作品开始,达·芬奇后续创作的大部分作品都具有一个显著的特征——只要画面中出现了风景,这些风景往往就会被描绘为奇山异水,这与他的观察经历有关。据说,有一次,他走进一个山洞,发现这个山洞的洞口竟然是方形的,这在自然环境中显得极不寻常。进一步深入探索后,他惊讶地发现山洞内部竟然有鲸鱼的骨架。这一发现给他带来了极大的震撼，并促使他开始思考自然界是如何变化的。曾有地质学家对卢浮宫版《岩间圣母》进行了细致的观察。这位地质学家在观察后表示，达·芬奇如果未深入研究过地质学，绝不可能如此精确地描绘出岩石的形态、结构、颜色和肌理。地质学家还发现，收藏于英国国家美术馆的《岩间圣母》（以下简称伦敦版《岩间圣母》）（见图8-18）中的岩石缺乏同样的魅力，因而认为卢浮宫版《岩间圣母》中的岩石是达·芬奇画的，而伦敦版《岩间圣母》中的岩石则是达·芬奇的弟子们画的。达·芬奇的老师韦罗基奥在创

图 8-18　收藏于英国国家美术馆的《岩间圣母》

作《基督受洗》时也对岩石进行了刻画，但画中岩石的颜色与纸板箱的颜色类似，与真实岩石的颜色相差很大。在创作卢浮宫版《岩间圣母》时，达·芬奇对岩石进行了非常细致的描绘，这些岩石错落有致、极为耐看。实际上，《岩间圣母》这幅作品中各式各样的花草也是值得人们深入研究的。我有一位学生来自北大生命科学学院，他表示想以《岩间圣母》这幅作品中的花草为主题写一篇学期论文。他不仅查到了这些花草的种类，还进一步探索了这些花草所蕴含的符号学意义和宗教意义。有意思的是，这位同学还对卢浮宫版《岩间圣母》和伦敦版《岩间圣母》进行了比较。通过对比两个版本的花草部分的细节，他发现卢浮宫版《岩间圣母》所描绘的花草都属于同一季节，但伦敦版《岩间圣母》所描绘的花草是错季的。因此，他推断卢浮宫版《岩间圣母》中的花草出自达·芬奇之手，

而伦敦版《岩间圣母》中的花草出自其弟子之手。最后，这位同学将这些研究心得整理了出来，写出了一篇很优秀的论文。

苏格兰国立美术馆收藏了一幅达·芬奇创作的《纺车边的圣母》。达·芬奇曾创作过两个版本的《纺车边的圣母》，另一个版本被一位私人藏家收藏了。直到2019年，被私人藏家收藏的这个珍贵的版本才得以在卢浮宫博物馆展出。当我看到《纺车边的圣母》的另一个版本时，我深感震撼。与苏格兰国立美术馆收藏的那幅作品相比，达·芬奇在创作另一个版本时对玛利亚的形象进行了更为细致的描绘，使玛利亚显得更加美丽动人。他的这幅作品闪耀着完美主义或理想主义的光芒。达·芬奇创作的《最后的晚餐》也能够展现他的理想主义。绘制壁画的传统做法是在石灰层尚未干透时开始作画，这样做可以使颜料渗透到下层，颜料就不易脱落。然而，达·芬奇认为这种做法存在缺陷，他担心一旦石灰层完全干透，墙面接合处就会出现裂缝，这些裂缝会破坏画面的完整性和美观性。最终，他的这种与众不同的做法导致这幅壁画在1年后就开始掉色了。

在达·芬奇的众多作品中，有一幅油画作品让许多人感到困惑，这幅作品就是收藏于冬宫的《利塔圣母》（见图8-19）。这幅作品描绘了一位母亲给孩子喂奶的场景。令人们感到不解的是，为了方便喂奶，母亲衣服上的针脚被拆开了。难道母亲每次喂奶时都要把衣服上的针脚拆开吗？这太不符合常理了。甚至有人质疑这幅作品是否真的是达·芬奇创作的。然而，当一位女艺术史学家成为母亲后，她突然对这幅作品有了全新的理解。她认为，这幅作品实际上反映了母亲与孩子之间深厚的感情。她解释说，当孩子逐渐长大并需要断奶时，孩子会因为不适应而哭闹得非常厉害，在这种情况下，母亲会

图8-19 达·芬奇创作的《利塔圣母》

感到心疼和无奈,一时心软,就拆开了衣服上的针脚,决定再喂一次自己的孩子……有过亲身经历的母亲才能深刻地体会到这种母子之间的情感。我认为达·芬奇如果没进行过人体解剖,是很难将作品中人物的形态描绘得这么准确的。曾有很多作品描绘过母亲给孩子喂奶的场景,但大部分画家很难将这一场景自然、准确地描绘出来,因为他们没进行过人体解剖,不了解人体的结构和比例。

《最后的晚餐》(见图8-20)这幅作品在世界艺术史上具有举足轻重的地位。作为教授相关课程的教师,我自然对这幅作品有着极大的兴趣,并希望能有机会一睹其风采。首次前往米兰时,我尝试预订门票,但发现门票极其紧张,最后未能如愿看到原作。第二次去米兰的时候,那里正在下一场大雨,街上空无一人。我心想,天气不好的话,参观的人应该会少一些吧。于是,我打算去碰碰运气,工作人员却告诉我必须提前预订门票。后来,当我得知自己即将前往意大利进行1个月的研究时,我就提前预订了门票。当我终于站在这幅作品前的时候,我被深深地震撼了。任何复制品或照片都无法像原作一样,给人们带来视觉和心灵上的冲击。当时,工作人员要求每个人只能在这幅作品前停留15分钟,因此,我尽可能不受其他参观者的影响,全神贯注地欣赏这幅作品。

图8-20　达·芬奇创作的大型壁画《最后的晚餐》

达·芬奇的《最后的晚餐》以耶稣与十二门徒最后一次共进晚餐为题材。当耶稣说他们中间有一个人出卖了自己的时候，门徒们大为震惊。这幅作品描绘的就是这一场景。我们可以看到，坐在中间的耶稣内穿红色衣服，外穿蓝色衣服；而坐在他旁边的一个门徒内穿蓝色衣服，外穿红色衣服。这一细节引发了人们的猜测和想象。有人认为那位门徒的形象和女性形象相似，有人甚至提出了一个大胆的假设——那位门徒是耶稣的结发妻子。实际上，这一假设是完全错误的。那位门徒并不是一位女性，也不是耶稣的妻子，他实际上是约翰。约翰因年纪较轻、没有胡须且有一头卷发而被误认为女性。

如今，在图像处理技术的帮助下，我们能够观察到《最后的晚餐》的许多细节，这些细节在以往是难以被发现的。我们可以在这幅作品中看到盘子里有一些食物（见图8-21），有些人认为盘中的食物是黑面包；但仔细观察后，我们会发现这种食物的外面是黑色的，但里面却是白色的，黑面包里外应当都是黑色的。一位研究者发现，在达·芬奇所在的那个时代，有一道菜在米兰的餐馆里特别受欢迎，这道菜就是鳗鱼橘子片，因此盘中的食物并不是黑面包，而是鱼。

图8-21　达·芬奇《最后的晚餐》局部

于是,人们开始怀疑达·芬奇的这幅画画得有问题。为什么盘子里会出现鱼呢?他是不是画错了呢?实际上,如果我们看看其他有关耶稣的作品,就会知道达·芬奇画得没有问题。意大利的圣阿波利纳雷教堂有一幅镶嵌画,这幅画也叫《最后的晚餐》(见图8-22)。我们可以从这幅画中看到,人们围着两条鱼坐着。实际上,除了这幅作品,还有很多相关主题的作品都出现了鱼。为什么这些作品中会出现鱼呢?这其实与鱼的希腊语有关。在希腊语中,"鱼"一词用"ΙΧΘΥΣ"表示,这五个字母被人们赋予了不同的含义,因为它们分别是希腊语中"耶稣""基督""神的""儿子""救世主"这五个词的首字母。从某种意义上说,鱼也代表了耶稣,所以达·芬奇并没有画错。值得一提的是,如果我们读过一些有关基督教的典籍,会发现其中会提到不要吃没有鳞的鱼,很多相关主题的作品中出现的鱼也都是有鳞的。达·芬奇则相当大胆,他画的是鳗鱼,而鳗鱼是没有鳞的。

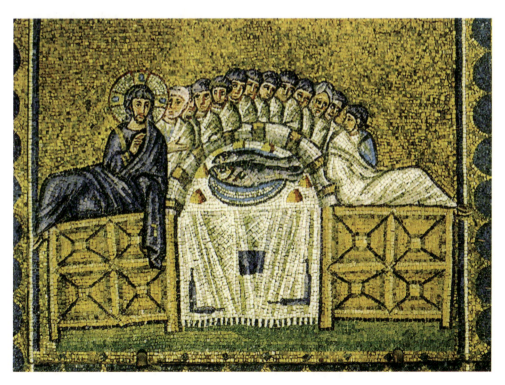

图 8-22 圣阿波利纳雷教堂的《最后的晚餐》

在达·芬奇的《最后的晚餐》中，有人认为画中有两个人物是达·芬奇根据自己的形象刻画的，其中一个是画面中从左往右数的第二个人，另一个是坐在耶稣左侧举起手指的那个人。我个人认为，从左往右数的第二个人确实有可能是达·芬奇根据自己的形象画的，另一个应当是画面中从右往左数的第二个人。我们可以将这两个人物的形象和其他与达·芬奇相关的作品中的人物形象进行对比。达·芬奇的弟子弗朗西斯科·梅尔兹给达·芬奇画过一幅肖像画（见图8-23）。我们可以将达·芬奇弟子的这幅作品中的人物形象和《最后的晚餐》中从右往左数的第二个人物（见图8-24）的形象进行对比。我们可以发现，这两个人物的头发和法令纹很像，鼻子的形状也很像，但是我们不太能通过这两张图片看清这两个人物的眼睛是否相像。

图8-23 弗朗西斯科·梅尔兹给达·芬奇画的肖像画

图8-24 《最后的晚餐》中从右往左数的第二个人物

拉斐尔曾经在其作品《雅典学院》中描绘过柏拉图（见图8-25），他在刻画柏拉图时参考了达·芬奇的自画像（见图8-1）。如果我们将图8-24中人物的眼睛和图8-25中人物的眼睛进行对比，就会发现他们的眼睛颇为相像。

图8-26是人们新近发现的一幅达·芬奇创作的肖像画。人们目前认为这幅作品是达·芬奇根据自己的形象画的。为什么人们认为这幅作品是达·芬奇的自画像呢？因为这幅作品的作者用拉丁文在画的背面写了"所画即我"，而且作者的拉丁文表述还出现了小错误。研究者发现，只有使用托斯卡纳方言的人才会出现这种错误，而达·芬奇就曾居住于这一地区，因此他很可能使用这种方言。还有一个证据可以证明这幅肖像画是达·芬奇创作的。人们在这幅肖像画上发现了指纹，而最有可能留下指纹的就是画家本人。由于达·芬奇不止一次刻意地在自己创作的作品上留下指纹，所以人们可以对这些指纹进行比对，而这些指纹都指向同一个人，这个人就是达·芬奇。我们如果将这幅自画像中的人物和图8-24中的人物进行对比，就会发现这两个人物确实非常相像。

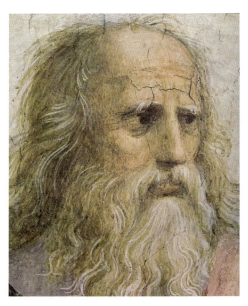

图8-25 拉斐尔在《雅典学院》中刻画的柏拉图的形象

图8-26 达·芬奇的自画像

《最后的晚餐》中从左往右数的第二个人物是不是达·芬奇根据自己的形象画的呢？我们可以将这个人物的形象（见图8-27）与图8-23进行对比。对比后我们可以发现，这两个人的面部轮廓非常相近，因此，从左往右数的第二个人物的形象可能是达·芬奇根据自己年轻时的形象刻画的。如果这些推测都是事实的话，那么达·芬奇真的是一位伟大的天才。这种自我意识的展现体现了他的才华和在绘画方面的天赋。

达·芬奇所创作的《蒙娜丽莎》（见图8-28）无疑是最为人们所熟知的一幅作品。达·芬奇日程繁忙，他为何要为一位女性创作这样一幅肖像画呢？这是一个令人费解的问题。更令人不解的是，达·芬奇在完成创作后并没有将这幅画交付给委托人，而是一直将其带在身边。画中的一处细节值得我们关注。如果我们仔细观察，便会发现画中的地平线呈现出左低右高的奇特景象。难道是达·芬奇画得有问题吗？人们发现，如果用某些手段将画中的人物去掉，他所画的地平线实际上是没有任何问题的。另一个值得我们关注的细节是画中的女性没有眉毛。此外，人们能在画的背景中看到一条蜿蜒的小路和一座桥，画中的风景与达·芬奇故乡的风景十分相似。

图 8-27　达·芬奇《最后的晚餐》局部

图 8-28　达·芬奇创作的《蒙娜丽莎》

由于年代久远，我们很难用肉眼看清《蒙娜丽莎》的很多细节。如果我们将这幅画放大，会发现蒙娜丽莎的头部被一层薄薄的透明纱巾所覆盖，她肩膀的一侧也披着一条薄薄的纱巾。我们还可以发现，蒙娜丽莎的手指微微有些肿胀，这可能是因为蒙娜丽莎当时已经怀孕了。蒙娜丽莎的微笑是最令人们着迷的，她的微笑含蓄而微妙，似乎很多达·芬奇笔下的女性都有类似的微笑。据说蒙娜丽莎是达·芬奇父亲的邻居，蒙娜丽莎的丈夫听闻达·芬奇画技高超，便请求他为妻子作画。由于达·芬奇的父亲多次劝说儿子，达·芬奇最终答应了蒙娜丽莎丈夫的请求。然而，值得注意的是，双方并没有签订正式的合同，这就意味着达·芬奇可以自行决定何时交付画作。

除了《蒙娜丽莎》，《圣母子与圣安妮》和《荒野中的圣约翰》的初稿也一直被达·芬奇带在身边。有人认为他将这几幅画带在身边是为了做广告，但这种解读显然低估了达·芬奇的艺术地位和影响力。他当时已经是一位声名显赫的艺术家了，不需要借助这种方式来宣传自己。《蒙娜丽莎》初入卢浮宫博物馆时并不引人注目，它所在的位置也并不显眼，如今人人都想要一睹为快。事实上，观众在展厅里是很难看清这幅画的，因为这幅画的周围总是人头攒动，而且这幅画还被防弹玻璃保护着。展厅中其实还有不少名家的杰作，但由于《蒙娜丽莎》的名气太大，那些画作常常被人们忽视。

一般来说，这种规格的画作通常用于描绘神或历史人物，但达·芬奇却选择画一位普通的中产阶级女性。为了画好这幅画，达·芬奇下了非常大的功夫。据说他专门请了一些人唱歌、奏乐，为模特创造一个轻松愉快的氛围，这可能是因为蒙娜丽莎处于孕期（注意其略微有些浮肿的手指），很容易感到疲倦，同时她可能还会有孕妇特有的抑郁情绪。曾有人在德国海德堡大学的图书馆里发现了一本文艺复兴时期的书，书上留有一位与达·芬奇处于同一时代的人写下的旁注，其中提及他曾亲眼看到达·芬奇在画《蒙娜丽莎》，他认为达·芬奇能够与古希腊最伟大的画家阿佩莱斯相媲美。这表明《蒙娜丽莎》确实是达·芬奇创作的，并且画中的蒙娜丽莎也是真实存在的。

在欣赏《蒙娜丽莎》这幅画时，我们可以发现一些微妙的细节。蒙娜丽莎的左右两侧都有半圆形的物体。它们到底是什么东西呢？据研究者称，蒙娜丽莎其实坐在一个阳台上，她的身后是栏杆，她的两边还立着两根柱子，而画中的那两个半圆形的物体是柱子的台基。在类似的画作中，如果画面中出现了柱子，往往象征着画中的人物是已婚人士，并且有稳定的家庭关系。

有研究者发现，斜披在蒙娜丽莎身上的装饰物也很特别，因为它在其他达·芬奇创作的女性肖像画中并未出现过。这个装饰物引发了研究者们的兴趣，因为这种装饰物只会出现在特定情境下。在神话题材的作品中，某些角色会身披类似的装饰物。当演员在舞台上扮演国王或王后时，他们的服饰上也会出现类似的装饰物，以彰显其尊贵的地位。在波提切利的《春》中，无论是维纳斯还是墨丘利，他们的身上都有类似的装饰物，这象征着他们神圣的地位。通过这些研究，有人推测蒙娜丽莎可能并非只是一名普通的丝绸商人的妻子，她可能具有更高的社会地位或拥有特殊的身份。

一位法国工程师有幸得到了卢浮宫博物馆的特许，对《蒙娜丽莎》原作进行了逐层扫描，他发现画作的第六层绘有另外一个神秘的女性形象，这名女性的姿态与蒙娜丽莎的姿态相似，但她们并不是同一个人。这引发了人们的疑问——究竟哪一个才是真的蒙娜丽莎呢？但无论如何，我们都能发现，达·芬奇为这幅作品投入了很多的心血。

收藏于西班牙普拉多博物馆的《蒙娜丽莎》临摹本（见图 8-29）也为研究者们提供了新的线索。2012 年，为了配合在卢浮宫博物馆举办的一场展览，人们对长久搁置在库房里的这一临摹本进行了清洗，完成清洗后，诸多人们在原作上看不太清楚的细节清楚地显现了出来。由于这一临摹本很有可能出自达·芬奇的弟子之手，因此其可信度颇高。我们可以清晰地看到人物的眉毛与人物两旁的柱子。以往有研究者认为蒙娜丽莎是没有眉毛的，这可能是当时的一种时尚。目前看来，这仅仅是推测而已。新的研究也表明，历史上人们在清理《蒙娜丽莎》时可能使用了某种清洗液，这种清洗液可能具有很强的腐蚀性，导致蒙娜丽莎的眉毛被意外地擦掉了。

美国神经生物学家玛格丽特·利文斯通曾写过一本书，书名为 Vision and Art: The Biology of seeing（《视觉与艺术：看的生物学》）。她在书中提到，当我们从正面直接看《蒙娜丽莎》时，看到的是蒙娜丽莎略显生硬的形象；然而，当我们的视线稍微偏向右侧，用余光观察《蒙娜丽莎》

图 8-29　收藏于普拉多博物馆的《蒙娜丽莎》临摹本

时，蒙娜丽莎的微笑变得清晰可见了！无论如何，画家是不可能用余光来作画的，但达·芬奇居然画出了这种奇妙的效果。难道他在做与光学有关的实验吗？

《蒙娜丽莎》曾被盗过，这起盗窃事件也让达·芬奇的《蒙娜丽莎》真正成为家喻户晓的艺术作品。偷画的是一名意大利人，他利用闭馆时间将画从画框中取下，藏于自己的衣服中，并将其顺利带走。卢浮宫博物馆的管理人员发现《蒙娜丽莎》消失后及时报了警。这一事件迅速引发了人们的关注。有人猜测是著名艺术家毕加索偷走了这幅画，但经过一系列审问之后，警察确定毕加索不是偷走《蒙娜丽莎》的人。经过调查，警察发现是一名意大利人偷走了《蒙娜丽莎》，最后警方成功找到了他，并使这幅画物归原主。据说，当时法国举国欢庆，所有商品都打对折！

除了上述的盗窃事件，还有一件事让《蒙娜丽莎》变得非常出名。20 世纪 60 年代，美国和法国之间的关系相当紧张。为了改善两国之间的关系，时任法国文化部部长安德烈·马尔罗出访美国。肯尼迪总统的夫人杰奎琳·肯尼迪对《蒙娜丽莎》很感兴趣，她向安德烈·马尔罗提出了一个请求，希望《蒙娜丽莎》能够在美国展出。安德烈·马尔罗回到法国后立刻向当时的法国总统戴高乐汇报了这一情况。戴高乐总统认为美国人可能无法理解这幅画的艺术价值，将其送到美国展出可能就像将珍贵的艺术品送到沙漠一样；然而，安德烈·马尔罗认为将《蒙娜丽莎》送到美国展出是展示法国文化的重要机会，这一举措对改善两国关系也具有重要意义。卢浮宫博物馆的工作人员对此表示强烈反对，他们担心这幅画在长途运输和展出过程中受到损害。最后，戴高乐总统还是将这幅画转借给了肯尼迪总统，这幅画得以在美国国家美术馆展出。

在展览的开幕式上，肯尼迪总统发表了演讲，但他的话筒突然意外失声，导致现场一片混乱，这只是一个小插曲。另一个有趣的事情发生在电梯间。美国国家美术馆馆长特意嘱咐电梯工人在开幕式当天要刮胡须并穿上西服，以展现最好的形象；然而，当总统一行人乘坐电梯时，电梯工人因过于紧张而误按了停止按钮，导致电梯停止运行。展览期间还发生了一件趣事。一个小男孩为了带他的小狗欣赏《蒙娜丽莎》而穿上了哥哥的衣服，以便将小狗藏在衣服里面。走到画作前时，他突然打开了自己的衣服，让小狗成为最有艺术眼光的小观众。《蒙娜丽莎》后来又被带到了纽约，纽约的展览同样引起了极大的轰动。尽管当时天气十分寒冷，人们仍然络绎不绝地涌入展厅，只为一睹《蒙娜丽莎》的风采。

1974年，《蒙娜丽莎》在东京国立博物馆展出，这在日本引起了巨大的轰动。一张拍摄了日本国立西洋美术馆馆长陪同日本皇太子欣赏《蒙娜丽莎》的照片更是引起了人们的关注。这张照片向外界传递了一个重要的信号——来自东方的皇太子也在学习和欣赏西方文化。如今，有很多日本人迷恋着文艺复兴时期的艺术，这与《蒙娜丽莎》在日本的展出有着密不可分的关系。同年，莫斯科普希金造型艺术博物馆馆长得知运送《蒙娜丽莎》的飞机会在莫斯科加油，于是寻求苏联文化部部长的帮助，最终《蒙娜丽莎》在该馆成功展出。华盛顿、纽约、东京和莫斯科的展览使《蒙娜丽莎》名声大振。2024 年，收藏于普拉多博物馆的《蒙娜丽莎》临摹本来到了上海的浦东美术馆。这是最接近《蒙娜丽莎》原作的一幅作品，大家可以近距离地欣赏一下这幅作品。

我相信爱上艺术是终身浪漫的开始。

谢谢大家！

湖畔论道

提问者：

丁教授好，今天非常感谢您为我们带来如此生动的讲解。您觉得在评估一件作品的艺术价值时，艺术性和非艺术性分别占据多大的比重呢？

丁宁：

这是一个很好的问题。当我们走进博物馆时，面对海量的艺术作品，我们经常会产生视觉疲劳。在参观大型博物馆的时候，我们很难仔细欣赏每一件展出的作品。我们在参观时会拍下很多照片，但回到家整理照片时，我们可能难以回想起作品的相关信息和自己当时看到它的感受，因此，我们需要明确什么是最值得我们关注的。对于艺术作品来说，艺术性是其根本属性。如果一件作品在视觉上无法吸引我们，那么它可能就不值得我们给予过多的关注。视觉艺术的核心在于唤起人们视觉上的反应，引发人们的情感共鸣，给人们带来深刻的印象。

康有为在经历了戊戌变法的失败之后选择前往欧洲。意大利的艺术之旅给他留下了深刻的印象，他尤其喜欢拉斐尔和圭多·雷尼这两位画家的作品。尽管康有为对当地文化和西方艺术并不了解，但他依然被这两位画家的作品深深吸引。在不懂意大利语的情况下，他参观了很多藏有拉斐尔作品的博物馆，拉斐尔的作品画面唯美、色彩绚丽，他感受到了这些作品的艺术魅力。有时候，当我们在无意中被一幅画深深打动并因此心潮澎湃时，那种震撼是艺术本身带给我们的。在欣赏古希腊的艺术作品时，我们即使不了解那些神话故事和不同人物之间的复杂关系，也会被它们的美深深吸引，那种魅力是无法让人抗拒的。艺术本身就是一种直接的经验和事实，它不依赖于任何理论推导。

如果某一幅画给我们带来了深刻的印象，甚至在我们的梦中重现，那就说明这幅画触动了我们的感官，甚至触动了我们的内心。在探讨美的学问时，我们不能不提到"美学"这个词。从本质上说，美学就是有关感觉的学问。尽管我们可以通过相关的课程和书籍欣赏到一些艺术作品，但艺术作品带给我们的直接体验是更为宝贵的。当我们在博物馆亲眼看到顶尖的艺术作品时，我们的眼光和审美品位会自然而然地得到提升，我们也会逐渐倾向于欣赏更具艺术价值的艺术作品。我们如果想真正地进入艺术的世界，就需要有自己的喜好和选择，这需要我们亲自接触最优秀的艺术作品。这种经验是真实的、无法伪装的，它来自我们内心的真实感受和对艺术的深入理解。

相信有不少人参加过音乐会，如果我们经常参加音乐会，我们的音乐鉴赏能力自然会不断提高。我曾有幸听过费城交响乐团的音乐会，但有些人居然在这么好的音乐会上睡着了。面对同样的艺术，人们的反应是不一样的，这并不稀奇，因为每个人对艺术的体会和期望都是不同的。对于真正热爱艺术的人来说，直接体验艺术是非常重要的。参加音乐会、参观博物馆都是与艺术对话的方式。相比之下，仅仅通过图片或他人的讲解来了解艺术会使我们缺少那种身临其境的感受。如果我们真的热爱艺术，就需要亲自去体验、去感受。在美的面前，我们应该放慢脚步、静下心来，让自己沉浸在艺术的世界中。

提问者：

丁老师好！您刚刚说"爱上艺术是终身浪漫的开始"。那您觉得一名教师该如何将这种浪漫融入日常的教学工作中呢？父母应当如何将这种浪漫融入对孩子的教育中呢？

丁宁：

我不敢自诩我的教育方式有多么正确，但我的孩子经常会在假期参观博物馆，这无疑是受到了我的影响。我从事教学工作30多年了。我曾在中国美术学院任教11年，随后在北大继续我的教学工作。在这漫长的时间里，我遇到过各种类型的学生，他们有着不同的专业背景。在中国美术学院，我的学生大部分是本专业的学生；而在北大任教期间，虽然我的学生通常不是美术专业的学生，但我觉得和他们互动也很有趣。我之前提到的那位生物专业的同学最终成了美术的狂热爱好者。

最近，我收到了一份法语系的同学上交的作业。在课堂上，我曾向同学们提及自己在一幅作品中发现人物在婚礼上戴着一顶黑色的草帽，我对此十分好奇。为什么画中的人物会戴一顶草帽呢？我询问了多位国外教授，但还是没有得到确切的答案。然而，这位法语系的同学深入研究了服饰的演变史，并意外地发现画中的帽子与由河狸皮制作而成的帽子十分相似。这种帽子非常昂贵，而且在当时被视为奢侈品。帽子的格子非常密，确实容易被误以为是草帽。这位同学后来告诉我，她未来的研究方向是美术史，她对艺术的热爱已经深深烙印在她的心中。我的学生们能自主地探索艺术，并从中获得独特的体验，这使我深感欣慰。

我时常被学生们的分享所感动。我常常收到学生们从世界各地寄来的明信片。他们会告诉我："丁老师，你知道吗？我现在正站在你上课时提到的那件艺术作品的面前，我要给你寄一张明信片。"当我收到这些明信片的时候，我由衷地感到高兴，因为他们将欣赏博物馆中的艺术作品视为了人生的一部分，并获得了独特的快乐。这种快乐超越了专业的界限，热爱艺术、享受艺术的人并不一定要懂专业知识。在博物馆里，我常常看到八九十岁的老人步履蹒跚地行走，但他们的眼神中充满了对艺术的热爱和好奇。他们会端详每一件艺术作品，时而拉开距离远观，时而眯起眼睛细看。我想那时的他们应该是很幸福的。

在荷兰，有一个致力于满足人们在临终前的心愿的慈善组织。有一年，一位老人得知荷兰画家伦勃朗的一幅作品即将在当地展出，于是便向慈善组织的工作人员提出了一个请求，她希望自己在去世之前能亲眼看到伦勃朗的一幅作品。工作人员满足了她的愿望，老人躺在一张特别的病床上，在博物馆闭馆后看到了伦勃朗的那幅作品。我觉得那幅作品一定对老人有特殊的意义。那幅作品是伦勃朗在人生最艰难的时刻创作的自画像，它展现出了画家超然的人生态度，因为他坚定地相信自己创作的作品是世界上最好的艺术品。我想一定是伦勃朗的人生态度深深地打动了老人。在生命的最后阶段，或许这幅作品能够让老人放下自我，平静地与这个世界告别。当艺术真正成为我们生命中不可或缺的一部分时，它会丰富我们的精神世界，在无形中提升我们的认知能力，让我们以一种超然的态度去面对自己的人生。

2024 年 4 月 23 日
（根据讲座录音整理，已经本人审阅）

第九讲

注册制改革与依法兴市

郭雳

嘉宾小传

郭雳,北京大学博雅特聘教授,北京大学法学院党委书记、院长,北京大学全球法律与政策研究中心主任;法学博士、应用经济学博士后,毕业于北京大学和哈佛大学,曾在康奈尔大学、杜克大学、悉尼大学等学校担任客座教授;曾任德国洪堡学者、亚洲国际金融法研究中心(AIIFL)研究员,曾被评为北京市优秀教师;担任国家级涉外法治研究基地负责人、中国银行法学研究会副会长、北京市法学会副会长、中国证券监督管理委员会第十七届发行审核委员会委员、上海证券交易所第一届科创板股票上市委员会主任委员、深圳证券交易所法律专业咨询委员会主任委员,以及国家监察委员会、中央网信办、文化和旅游部、中国侨联、上海市高级人民法院、北京金融法院等政府部门、司法系统、行业协会的专家顾问。郭雳教授主要从事经济法、国际经济法、比较法,特别是金融法及相关交叉学科的教学研究工作。郭雳教授在国内外出版专著(独著)6部,包括《中国智能投顾的行业发展与监管重塑》《主权财富基金的监管因应与治理改革:以中投公司为例》《证券律师的行业发展与制度规范》《中国银行业创新与发展的法律思考》《美国证券私募发行法律问题研究》等,合著译著若干,在 SSCI、CSSCI 核心期刊发表中英文论文 70 余篇;担任 Peking University Law Journal 主编,Asian Journal of Comparative Law、《中外法学》、《证券市场导报》、《证券法苑》、《辽宁大学学报》等刊编委。

赠言寄语

改革惠民

法治兴邦

郭雳

能够从北大来到美丽的临港，从未名湖边来到滴水湖畔，和大家进行交流，我感到很荣幸。我是学法律的，今天和大家讨论的话题也与法律、法治密切相关。

我想先借此机会向大家介绍一下北京大学法学院的情况。相信在座的诸位对北大都有一定的了解。京师大学堂创办于1898年，与法律相关的课程在这一年就开设了。到了1904年，京师大学堂设立了独立的法学教育单位——法律学门，正所谓"大学堂开，法律门启"。1919年，北京大学法律学门正式更名为北京大学法律学系，后来又更名为北京大学法学院。如果从1904年算起，2024年恰好是北京大学法学学科建立120周年。为予以纪念，我们特意设计了一个富有象征意义的纪念标志（见图9-1）。这个标志不仅蕴含了北大的元素，也体现了法律学科的特征。从整体上看，这个标志将中国传统隶书中的"法"字作为核心架构。标志中的红色部分巧妙地融入了"120"这个数字，而其中的"0"勾勒出了未名湖的形状，其上方（白色部分）则展现了北大的另一地标建筑——博雅塔。至于最上面的金色部分，不同的人有着不同的解读。大家如果有机会来北京大学法学院参观，可能会得到一些启示。

图 9-1　北京大学法学学科建立120 周年纪念标志

北京大学法学院凯原楼的西门附近有一座后现代主义风格的雕塑（见图9-2），它展现的是象征中国古代法治与正义的神兽——獬豸。这座雕塑不仅体现了其独特的艺术形态，还承载着深厚的文化内涵。"法"的繁体字是"灋"，它由三点水旁、"廌"字及"去"字构成。廌指的便是獬豸，它是中国古代传说中的一种神兽，具有明辨是非的能力。在传说中，当人们遇到难度很大的纠纷并无法决断时，就会求助于这种神兽，它会用自己的独角去触碰有错的一方，人们便会据此将那个人带走。獬豸是一种存在于想象中的动物，因此它并没有固定的形态，在不同的艺术作品中，它的具体形态也是多种多样的。当然，无论形态上有多大的差异，独角总是存在的，那是智慧与公正的象征。如果大家有机会来到北京大学参观，可以从西门进入并向东而行。大家可以先欣赏一下美丽的未名湖和博雅塔，再到我们法学院做客，顺便看看这座雕塑。

图9-2　北京大学法学院凯原楼西门的獬豸雕塑

在中国，獬豸象征着人们对公正和法治的期待与追求，而西方人倾向于通过正义女神的形象来表现对公平和正义的追求。无论是来自东方的獬豸，还是来自西方的正义女神，古人都本能地借助神明来表达对正义的向往。换言之，在过去，当人们不得不面对复杂的法律问题时，往往会寄希望于具有超越人类智慧和判别力的力量，希望这种力量能够帮助他们作出公正的判断。有意思的是，近两年，随着人工智能技术的飞速发展，人们不禁开始思考，在法律领域，未来人们是否会陷入"历史的轮回"。人工智能技术很可能成为法律决策的重要手段，甚至在许多方面颠覆目前的既有模式，这种情况与过去人们对超自然力量的依赖颇为相似，只不过未来人们依赖的这股新的力量源于人类社会科学技术的进步。我们可以对此拭目以待。

我算是一个资深北大人了，我在32年前考入北京大学法律学系，在这里完成了本科及研究生阶段的学业，后来我又在哈佛大学等国外大学继续深造，并在康奈尔大学等几所院校执教过。金融法是我主要的研究方向，在博士后阶段，我在北京大学光华管理学院从事应用经济学方面的研究，这让我有了跨学科的学术视野和实践经验。我取得了中国和美国纽约州的律师从业资格，但并没有全职从事过律师工作。不过，通过担任政府部门、司法系统和行业协会的专家顾问，我也对中国的法律环境和金融市场有了越来越多的认识。比如，我担任过中国证券监督管理委员会（以下简称证监会）第十七届发行审核委员会委员，后来在上海证券交易所科创板股票上市委员会担任过将近4年的主任委员。目前，我是深圳证券交易所法律专业咨询委员会主任委员。今天，我想以一名学者和教师的身份与大家分享我个人的一些观察和思考，请大家批评指正。

在接下来的时间里，我将从法治思维的角度与各位探讨监管态势的发展与变化、法律框架构建及其变动，并重点关注股票发行注册制（以下简称注册制）改革及与之相关的事中和事后的监管情况。我会通过热点事件、案例和大家可能感兴趣的话题，带领大家回顾并具体分析这一领域的发展和演变，希望这些分享能够为在座的各位带来一些启发。

我们知道，党的坚强领导是立国之本，是我们开展各项事业的基础。党的二十大报告强调了全面依法治国的重要性，其中的第七部分单独对全面依法治国的相关内容进行了阐述，这也凸显了法治思想在治国理政中的重要地位。习近平法治思想的核心要义集中体现为"十一个坚持"。"十一个坚持"是对新时代为什么坚持全面依法治国、怎样推进全面依法治国这两个根本问题的回答。"十一个坚持"看似内容很多且不容易被记住，但其实只要我们找到其中的逻辑和规律，理解和领会它并不困难。

我们来看图9-3。实际上，"十一个坚持"可被分为三组。

全面推进依法治国的政治方向	全面推进依法治国的总体目标	全面推进依法治国的重要保障
• 坚持党对全面依法治国的领导 • 坚持以人民为中心 • 坚持中国特色社会主义法治道路	• 坚持依宪治国、依宪执政 • 坚持在法治轨道上推进国家治理体系和治理能力现代化 • 坚持建设中国特色社会主义法治体系 • 坚持依法治国、依法执政、依法行政共同推进，法治国家、法治政府、法治社会一体建设 • 坚持全面推进科学立法、严格执法、公正司法、全民守法 • 坚持统筹推进国内法治和涉外法治	• 坚持建设德才兼备的高素质法治工作队伍 • 坚持抓住领导干部这个"关键少数"

图9-3 对"十一个坚持"的分组解读

第一组强调的是全面推进依法治国的政治方向，"坚持党对全面依法治国的领导""坚持以人民为中心""坚持中国特色社会主义法治道路"都与政治方向有关。

第二组强调的是全面推进依法治国的总体目标。第二组共有六条。第一条是"坚持依宪治国、依宪执政"。宪法是国家的根本法，宪法的重要性在党的二十大报告中不断被强调。第二条是"坚持在法治轨道上推进国家治理体系和治理能力现代化"。党中央既强调推进国家治理体系和治理能力现代化，又强调推进中国式现代化。如何推进这两种现代化呢？我们必须在法治轨道上推进这两种现代化。第三条是"坚持建设中国特色社会主义法治体系"。中国特色社会主义法治体系包括法律规范体系、法治实施体系、法治监督体系、法治保障体系和党内法规体系。第四条是"坚持依法治国、依法执政、依法行政共同推进，法治国家、法治政府、法治社会一体建设"。第五条是"坚持全面推进科学立法、严格执法、公正司法、全民守法"。我出生于20世纪70年代，我在接受教育的时候经常会听到"有法可依、有法必依、执法必严、违法必究"这句话。"科学立法、严格执法、公正司法、全民守法"是这句话的新版本，也是对全面依法治国提出的新要求，它涵盖了法律的生成、执行、遵守。它不仅对立法端、执法端、司法端提出了更高的要求，还强调所有公民都要守法。第六条是"坚持统筹推进国内法治和涉外法治"。近些年来，国内法治和涉外法治的联动更加频繁，二者应当协同发展。

第三组强调的是全面推进依法治国的重要保障。第三组的这两条都和"人"有关。其一是"坚持建设德才兼备的高素质法治工作队伍"，其二是"坚持抓住领导干部这个'关键少数'"。需要说明的是，在不同的语境下，"关键少数"指代不同的人群，如资本市场的"关键少数"一般指的是上市企业的董事、监事、高级管理人员，以及控股股东或实际控制人；而这里提到的"关键少数"指的是领导干部。习近平法治思想于2020年年底被正式提出，越来越多的领导干部的法治意识和法治能力得到了提升。总的来说，理解和把握好这"十一个坚持"有助于我们了解中国的法治进步，特别是金融领域和资本市场的法治进步。

接下来，我们具体来看一看我国金融领域的发展和变化。我们国家每隔几年就会召开一次全国金融工作会议。2017年7月14日至7月15日，第五次全国金融工作会议在北京召开，会议决定设立国务院金融稳定发展委员会。2023年，国务院金融稳定发展委员会办公室职责被划入中央金融委员会办公室。最近一次召开的第六次中央金融工作会议于2023年10月底召开。我们可以看到会议的名称发生了变化，"中央"二字凸显了党中央在金融工作中的领导地位。此次会议强调，要全面加强金融监管，有效防范化解金融风险。此次会议还强调，要"推动股票发行注册制走深走实"，促进债券市场的高质量发展，坚定不移地走中国特色金融发展之路。对于开拓中国特色金融发展之路，此次会议提出了"八个坚持"。实际上，这"八个坚持"和前面提到的"十一个坚持"有着不少的相似之处，它们在逻辑上是相通的。这"八个坚持"分别是：

- 坚持党中央对金融工作的集中统一领导
- 坚持以人民为中心的价值取向
- 坚持把金融服务实体经济作为根本宗旨
- 坚持把防控风险作为金融工作的永恒主题
- 坚持在市场化法治化轨道上推进金融创新发展
- 坚持深化金融供给侧结构性改革
- 坚持统筹金融开放和安全
- 坚持稳中求进工作总基调

我们要坚定不移地走中国特色金融发展之路。那么这条路该怎么走呢？2024年年初，习近平总书记在省部级主要领导干部推动金融高质量发展专题研讨班开班式上发表了重要讲话，给予了进一步的指导。习近平总书记强调，金融强国应当基于强大的经济基础，具有领先世界的经济实力、科技实力和综合国力，同时具备一系列关键核心金融要素。这些金融要素包括强大的货币、强大的中央银行、强大的金融机构、强大的国际金融中心、强大的金融监管、强大的金融人才队伍。习近平总书记还指出，我国要加快构建中国特色现代金融体系，建立健全科学稳健的金融调控体系、结构合理的金融市场体系、分工协作的金融机构体系、完备有效的金融监管体系、多样化专业性的金融产品和服务体系、自主可控安全高效的金融基础设施体系。

在这次开班式上，习近平总书记专门提到，要推动金融高质量发展、建设金融强国，要坚持法治和德治相结合，积极培育中国特色金融文化，做到"诚实守信，不逾越底线；以义取利，不唯利是图；稳健审慎，不急功近利；守正创新，不脱实向虚；依法合规，不胡作非为"。由此可见，习近平法治思想和习近平文化思想也是相通的。

我们来继续分析 2023 年召开的第六次中央金融工作会议。会议明确指出，要做好科技金融、绿色金融、普惠金融、养老金融、数字金融五篇大文章。事实上，我们能够明显感受到金融在这几个领域的发展速度是比较快的，政策推动力度也比较大。与此同时，第六次中央金融工作会议强调了强化监管的重要性。"依法将所有金融活动全部纳入监管"是一个很重要的提法。了解金融的朋友们可以回想一下，过去相关文件在提到金融监管的时候，往往是把所有的金融业务都纳入监管范围内；而现在，"金融业务"这一表述已被"金融活动"所替代。换句话说，当前金融监管的对象不再局限于传统意义上的金融机构，而是涵盖了所有在本质上被认定为与金融活动相关的主体。

中国拥有庞大的金融体系，其中包括各类金融机构，它们的运营和活动都需要被监管。举例来说，截至 2022 年年底，我国拥有 4567 家银行业金融机构，其中有 346 家被评为高风险金融机构。近年来，金融业务和金融活动受到严格监管，因为过去出现于金融领域的各类问题给我们带来了沉痛的教训。地方债务风险、中小金融机构风险及房地产风险已经成为被重点关注的风险源头，这些风险的出现会对我国的经济发展和社会生活产生重大影响。因此，金融监管部门必须落实"早识别、早预警、早暴露、早处置"的要求，力求将风险控制在可控范围内。

相信不少朋友都有投资股市的经历，普通投资者在金融工作会议召开后往往更关心股市的表现。中国国际金融股份有限公司曾对历次金融工作会议后的股市动态进行了研究，对上证指数在历次金融工作会议召开后 1 个月、6 个月的涨幅进行了统计。根据统计，从第一次全国金融工作会议到第五次全国金融工作会议，在上述统计区间内，上证指数均呈现出上涨的态势，尽管涨幅不尽相同；而第六次中央金融工作会议召开后，上证指数在上述统计区间内的变动很微小。

我认为，我们可以用三个关键词来概括第六次中央金融工作会议的核心思想，那就是"强""高""长"。这次会议着重强调了建设金融强国、高质量发展和构建长期资本长效机制的重要性。在政策导向方面，金融创新需要在风险可控、监管有效的前提下进行，这意味着金融监管力度将进一步增强。过去，金融监管部门的监管重点是金融机构和金融业务，而目前其监管范围已经覆盖了所有的金融活动。"严禁'无照驾驶'、严查'有照违章'"这句话经常被提及，金融监管范围的扩大和金融监管力度的增强可见一斑。

在讲座开始前，我去逛了逛位于浦东新区港城广场文化艺术中心的朵云书院，碰巧遇到了一场有关金宇澄先生的《繁花》的艺术展。这本小说也被翻拍为电视剧，相信有不少人都看过这部电视剧。《繁花》这部作品描绘了中国内地资本市场在改革开放后重新起步的阶段。证监会成立于1992年，同年我考入了北京大学法律学系，或许这也是一种缘分。当时，证券监管工作主要是在上海和深圳完成的。1998年12月29日，《中华人民共和国证券法》（以下简称《证券法》）被审议通过，并于1999年7月1日正式施行。截至目前，《证券法》已经历了3次小规模的修正（2004年、2013年、2014年）和2次大规模的修订（2005年、2019年）。新修订的《证券法》自2020年3月1日起施行。回顾中国资本市场的发展历程，我们不难发现其中存在一些问题。在2015年我国股市出现了异常波动后，金融监管部门进行了反思和总结，并用"四个不"对主要问题进行了概括。这"四个不"指的是不成熟的交易者、不完备的交易制度、不完善的市场体系、不适应的监管制度。想要解决这些问题，我们就必须加大改革力度、重视法治建设。

《证券法》适用于股票、公司债券、存托凭证和国务院依法认定的其他证券的发行和交易。债券不像股票那样经常被人们讨论，但实际上，我国债券市场的规模相当庞大。债券在企业融资中扮演着重要的角色。当前，市场上主要存在三种类型的债券：企业债、公司债、中期或短期融资券。它们都属于直接融资工具。2022年，我国债券市场共发行各类债券61.9万亿元；其中，公司信用类债券发行13.8万亿元。截至2022年12月末，债券市场托管余额144.8万亿元。这些数字充分显示了我国债券市场规模庞大，发展潜力巨大。目前，多家金融监管部门负责监管债券市场和相关活动，因此，中国人民银行、证监会等金融监管部门需要统一监管规则，协调执法活动，以防止监管套利等问题出现。

股票是人们更加熟悉且更加关注的。注册制改革经历了"四步走"。2018年11月，习近平总书记在首届中国国际进口博览会开幕式演讲中宣布，将在上海证券交易所设立科创板并试点注册制，此项改革对于支持科技创新、推动经济高质量发展具有重要的战略意义，其"硬科技"属性十分突出。值得一提的是，习近平总书记在开幕式上宣布交给上海三项新的重大任务，除了在上海证券交易所设立科创板并试点注册制，另外两项任务是增设中国上海自贸试验区新片区、支持长三角洲区域一体化发展并上升为国家战略。2020年，深圳证券交易所推进创业板改革并试点注册制，这一改革为成长型创新创业企业提供了更加灵活和高效的融资渠道。2021年9月，北京证券交易所注册成立，成立北京证券交易所的目的是服务创新型中小企业。2023年2月，注册制改革正式启动，包括主板在内的资本市场各大板块均已实行注册制，这意味着注册制已全面落地。

那么，如今实行的注册制与之前实行的核准制、审批制有什么区别呢？不同国家和地区的注册制存在哪些差异呢？我们不妨借助瑞幸咖啡这个具体案例来思考这些问题。大家对这家企业和这个品牌应该都比较熟悉。该企业于2019年在美国纳斯达克证券交易所上市，之后又被退市。然而，截至2023年年末，瑞幸咖啡的境内门店数量又创新高。该企业在美国纳斯达克证券交易所上市后不久，就有市场机构怀疑其财务数据的真实性。2020年4月，瑞幸咖啡承认存在不正当竞争行为，涉及销售额约22亿元。几个月后，瑞幸咖啡收到了美国纳斯达克证券交易所的股票退市通知。

为什么像瑞幸咖啡这样的企业当初没有选择在中国境内的证券交易所上市，而是选择在美国纳斯达克证券交易所上市呢？我对这个问题进行了分析。我认为第一个原因与上市条件有关。在很长一段时间内，国内股市对上市企业盈利能力的要求是比较高的。如果一家企业申请在主板发行上市，最近3年的净利润需要均为正数且净利润累计超过人民币

3000万元。此外，过去我国的法律特别强调"同股同权"，所以股权架构为"同股不同权"的企业那时是无法在中国境内的证券交易所上市的。第二个原因与市场环境紧密相关。美国资本市场资金充裕，选择在境外上市不仅能够使企业更接近其目标客户和潜在的并购对象，还有可能为企业带来良好的声誉。第三个原因与行业特征相关。国内的科技型企业如果能够在境外上市，就可以比较容易地在美国市场找到发展成熟的可比企业，这为它们提供了相对准确的估值参考依据。此外，如果这些企业在早期获得过美元风险投资的支持，在境外上市能够为投资者提供便捷的退出渠道。第四个原因与监管有关。一些人认为，在境外上市是上市企业向市场传递的积极信号，表明企业能够在严格的监管环境中生存，并能够遵守国外的法律，这会在一定程度上提升企业的市场认可度。当然，也有学者对境外监管的有效性表示质疑，因为不少在美国上市的企业是在境外避税地注册设立的。关于这些企业在美国是否能受到与本地企业同等程度的监管，目前还尚存争议。

可变利益实体（Variable Interest Entities，VIE）架构（以下简称VIE架构）是近些年来常见的一种特殊投资架构。中国概念股（以下简称中概股）企业在美国上市时广泛采用的VIE架构能否得到中国法律的认可？相关协议在中国的法律体系中是否合法、有效？这是多年来业界一直在关注和讨论的焦点。实际上，VIE架构在美国行得通与美国会计准则的变化有关，而这种变化源于"安然事件"的发生。美国安然公司的创始人肯尼恩·莱曾表示，规则是重要的，但是人们不应该成为规则的奴隶。他的言论也表现出了他对规则的漠视和轻蔑。

值得一提的是，北京大学法学院的毕业生刘钢先生参与设计了深刻影响了中国互联网行业的VIE架构。新浪也借助VIE架构在20多年前于美国纳斯达克证券交易所成功上市。刘钢先生在回顾那段经历时表示，他之所以能够设计出VIE架构是因为有好的理念；他认为，只有尊重规则，才能够打破规则并有所创新。

近年来，我国的市场环境发生了很大的变化。从发行条件来看，随着注册制的实行和逐步深化，各个板块的包容性越来越强。例如，科创板市场有五套标准，这些标准涉及研发、市值、营收等多个方面，尚未实现盈利的企业只要能满足其中一套标准，就有机会申请上市。同时，活跃的本土资本市场为中国企业提供了更多的融资渠道和机会。此外，很多中国企业不再只是学习者或效仿者，它们创造出了具有生命力和竞争力的产业模式。小米、华为、字节跳动等企业不仅在国内市场表现出色，在国外市场也展现出了强大的生命力。

《证券法》的修订和注册制的实行为境内企业提供了更为包容的上市环境。与此同时，美国对中概股企业的监管却日趋严格，新的法案和行政措施的实行给很多企业的发展带来了巨大的阻碍。在这样的背景下，不少原本已在美国上市的中概股企业选择通过私有化交易的方式从美国的证券交易所退市，转而寻求在中国的证券交易所上市。有些企业则选择在两地上市。值得一提的是，经国务院批准，证监会发布了境外上市备案管理相关制度规则，自2023年3月31日起实施。这一新规则已生效1年多了。

国浩律师事务所曾对境外上市企业的相关数据进行了统计，统计的时间跨度为2023年1月至9月。统计结果显示，在这段时间内，在实现境外上市的企业中，有11%的企业选择直接上市，有28%的企业选择借助VIE架构间接上市，还有61%的企业通过股权持有形式间接上市。此外，统计结果表明，在中国香港地区上市的H股或红筹企业中，从事生物医药、食品和文体娱乐行业的企业位居前三位，占比为35%。在美国上市的中概股企业中，从事金融、生物医药和汽车行业的企业最多，占比为45%。这一统计结果与我们的直观感受是相符的。我们不难发现，我国的众多新能源汽车企业（如蔚来汽车、小鹏汽车、理想汽车）都选择在美国上市。金融企业、生物医药企业在中国境内上市的难度较大，因此它们也倾向于在境外上市。2023年，证监会曾对100多家企业进行了备案时的问询。统计数据显示，备案中最受关注的问题主要与股权变动（含股东出资、注册资本缴纳）和上市法律架构（股权架构或协议架构）相关，与行业、财务会计相关的问题比较少。

近年来，美国市场对中概股企业的批评之声不绝于耳，一些人认为这些企业未能为股东创造利润。复旦大学的钱军教授所带领的团队进行了一项研究，其研究结果能够揭示这些批评是否站得住脚。研究者对A股企业、在美国上市的中概股企业、在中国香港地区上市的有内地背景的企业以及其他在美国上市的中国企业在2000年12月至2021年12月的表现进行了比较，比较的依据是股东买入并持有股份所获得的回报。研究结果显示，表现最佳的是在中国香港地区上市的有内地背景的企业，其次是在美国上市的中概股企业，这一研究结果有力地反驳了那些批评中概股企业的人的观点。在过去的20多年里，中概股企业的整体表现实际上超过了其他在美国上市的企业。换言之，中概股企业只是在最近一段时间内表现得不太好。

还有人对纳斯达克综合指数和美股中的中概股指数进行对比。从2021年3月开始，这两项指数的差距开始变得明显起来。从整体上看，纳斯达克综合指数近3年来呈现出上升的态势，而美股中的中概股指数则明显地下降了，其表现相对欠佳。近年来，中国企业的融资活动更多地集中在中国内地。目前，中国内地有5000多家上市企业，中国香港地区有2000多家上市企业，中国台湾地区则有将近1000家上市企业。总的来看，我国上市企业的发展速度是非常迅猛的。

境内上市企业的数量变化也引发了研究者的关注。从最初的起步阶段到境内上市企业数量达到1000家，经历了近10年的时间；从1000家增长到2000家，又经历了10年的时间；从2000家增长到3000家，时间缩短至6年；从3000家增长到4000家，时间又进一步缩短至4年；从4000家增长到5000家则仅用了2年的时间。2022年11月，境内上市企业数量正式突破5000大关。

接下来，我们来看看到目前为止，注册制的推行带来了哪些变化。我认为最重要的变化是发行市场化。发行市场化体现在多个方面。第一个表现是发行条件放宽，企业上市的准入门槛降低，目前审核注册机制更关注的是信息披露情况。第二个表现是发行价格、规模、节奏由市场决定。过去主板市场的"23 倍市盈率红线"已不复存在，企业的 IPO 定价权交给了市场。第三个表现是买家、卖家、中介机构、监管者各司其职，发行人是第一责任人，中介机构承担着核查和把关的责任。第四个表现是审核更加公开透明、便捷高效，审核的公正性和可追溯性受到了重视。

2013 年，党的十八届三中全会通过了《中共中央关于全面深化改革若干重大问题的决定》（以下简称《决定》）。《决定》中提到："经济体制改革是全面深化改革的重点，核心问题是处理好政府和市场的关系，使市场在资源配置中起决定性作用和更好发挥政府作用。"党的二十大报告中的相关表述为"充分发挥市场在资源配置中的决定性作用，更好发挥政府作用"。党的二十届三中全会即将于 2024 年 7 月召开，这次会议将重点研究有关进一步全面深化改革、推进中国式现代化的问题。我们对此拭目以待。

从上海证券交易所设立科创板并试点注册制、深圳证券交易所推进创业板改革并试点注册制，到北京证券交易所注册成立，再到注册制全面落地，一系列的改革举措是在不断的探索和尝试中进行的。其间，我们也遇到了许多新情况、新问题，例如，我们应当如何对待尚未盈利的企业（特别是生物医药企业）、如何判断企业是否具有科创属性、怎样认识那些影响企业上市的重要标准。

从目前的情况来看，科创板、创业板和北京证券交易所已具备差异化的定位和发展思路。科创板主要聚焦于六大领域，这六大领域分别是新一代信息技术领域、高端装备领域、新材料领域、新能源领域、节能环保领域、生物医药领域；其中，新一代信息技术领域、高端装备领域和生物医药领域的企业数量占科创板企业总数的 80% 左右。创业板主要面向成长型双创企业，其覆盖的企业类型更为广泛。北京证券交易所则主要面向中小企业，80% 的上市企业从事的是战略性新兴产业和先进制造业。

我们如果想要理解注册制，就要了解它与过去实行的核准制、审批制的显著区别。实行核准制时，企业的上市过程常常被形容为参加"大考"，股票发行审核委员会会对企业进行全方位的严格审核,从而将优质的企业筛选出来。实行注册制后,审核注册的主要任务是深入地考察企业的整体运营状况和信息披露情况,通过问答的方式了解企业的真实情况,帮助投资者了解企业的真实面貌。在这个过程中,各个主体有着自己的任务。发行主体需要清晰地阐述企业的经营和发展状况。中介机构需要对相关信息进行核实,确保其准确性和完整性。审核机构(包括证券交易所和证监会)需要进行问询和审查,确保企业提供的信息真实、完整,没有遗漏或隐瞒。同时,投资者在作出投资决策前也需要深思熟虑,充分了解企业的各项情况。金融监管部门和司法机关则需要保持高度的警惕性,认真调查并严格处罚违法违规者。我们可以将这几点概括为"发行主体讲清楚、中介机构核清楚、审核机构问清楚、投资大众想清楚、监管机构查清楚、司法机关断清楚"。

事前准入固然很关键,事中和事后的持续监管同样至关重要。在我看来,防止财务造假和防止腐败有着一定的相似之处。防止腐败要从三个方面发力,也就是"不敢腐、不能腐、不想腐"。想要遏制财务造假行为的出现,我们也应从三个方面发力。一是要强化企业及相关方的法律责任意识,让企业不敢造假;二是要优化机制并要求企业严格遵守相关规定,让企业不能造假;三是要对企业的"关键少数"进行思想教育,让其不想造假。

过去实行核准制时,金融监管部门不仅要对申报文件的全面性、准确性、真实性进行审查,还要对发行主体的营业性质、财务状况、经营能力、发展前景进行审查。实行注册制后,金融监管部门的审查向着"重信息披露、轻实质审核、多市场参与、少价值判断、强责任约束、弱数量控制"的方向转变。

我们知道,融资模式可以被分为直接融资和间接融资,发展直接融资是资本市场改革的一条主线。这两种融资模式目前所占的比重分别是多少呢?截至2022年年末,直接融资在我国社会融资规模存量中的占比约为30%,间接融资的占比约为70%。直接融资在美国社会融资规模存量中的占比约为85%。因此，从当前的融资结构来看，我国的直接融资市场仍有较大的发展潜力。

我国的注册制改革目前取得了哪些成效呢？证监会曾总结过六个方面的成效。一是探索形成了符合我国国情的注册制架构，二是提升了对科技创新的服务功能，三是推进了交易、退市等关键制度创新，四是优化了多层次市场体系，五是完善了法治保障，六是改善了市场生态。证监会还指出，注册制改革必须坚持三个原则：尊重注册制基本内涵、借鉴全球最佳实践、体现中国特色和发展阶段特征。

我认为注册制的基本内涵主要体现在三个方面：一是以信息披露为中心，二是将价值判断的权利交给市场，三是更加注重对投资者的全面保护。在推动金融市场改革与发展的过程中，我国确实借鉴了其他市场的经验，与此同时，我们也必须认识到我们国家有自己的特色和发展的阶段特征。谈到中国特色，就不能不强调党的集中统一领导的重要性，这使得我们能够集中力量办大事，确保重点项目的顺利推进。在注册制改革的过程中，这种优势也得以体现。目前，符合国家产业政策导向的企业在审核注册的过程中会得到更多的支持。例如，国家支持从事芯片制造产业的企业上市，以帮助企业突破关键核心技术。同时，由于种种原因，从事某些行业的企业在中国发行上市时面临更大的困难，这也解释了为什么有些企业选择在美国上市。在发展阶段，中国金融市场的特征之一是散户的占比很大。近年来，虽然机构投资者的数量和影响力有所提升，但散户依然是市场的主体。目前，尽管中国拥有70多万名律师和10多万名员额制法官，但相对于庞大的资本市场和复杂的证券纠纷而言，我国的司法资源仍然有限，这在很大程度上限制了后端解决问题的能力。

目前，我国注册制的基本架构是证券交易所审核、证监会注册。具有中国特色的注册制体现了有效市场和有为政府的结合。例如，证券交易所如果在审核过程中发现在审项目涉及重大敏感事项、重大无先例情况、重大舆情、重大违法线索，就需要及时向证监会请示报告。在实行具有中国特色的注册制的过程中，金融监管部门依然会对企业的各项情况进行实质判断，对申请发行上市企业的考量兼顾了未来维度和历史维度。此外，具有中国特色的注册制还强调对中小投资者的前端保护。由于事后救济存在局限性和滞后性，前端保护就显得尤为重要。在过去几年，"建制度、不干预、零容忍"这个方针被金融监管部门反复强调，我相信这个方针将在注册制后续的实行过程中得到进一步体现。

时任证监会首席律师兼法律部主任焦津洪曾在 2023 金融街论坛年会上谈到相关问题，他也毕业于北京大学法学院。他提到，注册制改革已经初步达到了预期效果，我国的注册制已经基本成型。注册制改革实施以来，证监会系统共制定制度规则 255 部，修改 138 部，废止 185 部；以信息披露为核心，精简优化了发行上市条件，构建了证券交易所审核、证监会注册的发行上市审核注册体制，建立了以投资者需求为导向的信息披露制度，以及以机构投资者为主要参与主体的市场化询价、定价、配售机制，大幅优化了交易机制，建立了常态化退市机制。

焦津洪也指出，改革的任务并未就此结束，注册制改革还需要继续"走深走实"。所谓"走深"，是指在坚持注册制改革的初心使命、基本理念、关键制度框架的前提下，根据改革实施过程中遇到的新情况、新问题，及时梳理、评估并不断优化、细化诸如 IPO 定价、减持、再融资等具体规则、标准和指引，努力使注册制各项制度规则更加精准合理、细致明确、成熟完备；同时，要统筹投融资平衡，深化投资端改革，完善相关政策机制，加快引进更多中长期资金，推动资本市场平稳健康发展。"走实"则是指要坚持市场化、法治化的改革方向不动摇，坚持尊重注册制基本内涵、借鉴全球最佳实践、体现中国特色和发展阶段特征"三原则"不动摇，保持定力，不摇摆、不走偏、不走回头路；在改革实施过程中全面落实注册制相关制度安排，尽快形成有效的市场制衡约束机制，督促发行人、中介机构、机构投资者等各方切实归位尽责；进一步加大监管执法力度，更加高效、严厉地打击欺诈发行、财务造假、内幕交易等违法行为，切实提高监管执法威慑力；充分发挥先行赔付、责令回购、集体诉讼等投资者保护制度优势，实实在在提高投资者的满意度、获得感，有效提振市场信心，确保注册制改革行稳致远。

刚才我们谈到了瑞幸咖啡的案例，我个人觉得咖啡在这里也具有某种隐喻的意味。中国人在喝咖啡时往往会在咖啡中添加牛奶或糖，不少人喜欢喝带奶泡的咖啡。资本市场也会出现泡沫，有一定的泡沫是正常的，但泡沫过多则可能给投资者带来风险。如果咖啡中的泡沫过多，商家也有必要将实际情况告知消费者。实际上，这也反映了注册制的核心要义和基本原则，那就是上市企业需要向市场和投资者真实、准确、完整地披露其经营状况和财务状况。

2024 年 4 月 12 日，国务院印发《关于加强监管防范风险推动资本市场高质量发展的若干意见》（以下简称《意见》），这是资本市场的第三个"国九条"。《意见》的第一条是总体要求，其中提到："未来 5 年，基本形成资本市场高质量发展的总体框架。投资者保护的制度机制更加完善。上市公司质量和结构明显优化，证券基金期货机构实力和服务能力持续增强。资本市场监管能力和有效性大幅提高。资本市场良好生态加快形成。到 2035 年，基本建成具有高度适应性、竞争力、普惠性的资本市场，投资者合法权益得到更加有效的保护。"其中提到了需要完成的核心任务和时间表。《意见》的第二条是"严把发行上市准入关"。其实我们可以观察到，从 2023 年开始，相关的审核要求确实越来越严格了。《意见》的第三条是"严格上市公司持续监管"。对于企业而言，成功上市其实只是一个新的开始，这就和考大学类似，考上了大学并不意味着不需要努力学习了。同样地，公开发行并上市后，企业需要不断规范自身的行为并持续向前发展。《意见》的第四条是"加大退市监管力度"。我国在这方面还有待完善。目前，我国每年退市企业的数量仅占上市企业总数的 1% 左右，与其他国家或地区相比，这一比例是比较低的。一个健康的市场应当是有进有出的，这是一种新陈代谢，这样才能确保上市企业的整体质量。《意见》的第五条是"加强证券基金机构监管，推动行业回归本源、做优做强"。《意见》的第六条是"加强交易监管，增强资本市场内在稳定性"。《意见》的第七条是"大力推动中长期资金入市，持续壮大长期投资力量"。近期，"耐心资本"这个新的概念被提出。目前，国家鼓励以中长期为主的投资，希望投资者不以通过短期交易获利为目的。对投资者而言，这是一个非常重要的政策信号。《意见》的第八条是"进一步全面深化改革开放，更好服务高质量发展"。《意见》的第九条是"推动形成促进资本市场高质量发展的合力"。我认为，在推动资本市场高质量发展的过程中，法治的作用不容忽视。《意见》中提到，要"推动加强资本市场法治建设，大幅提升违法违规成本""加大行政、民事、刑事立体化追责力度，依法从严查处各类违法违规行为"。法律从业者有必要深入研究《意见》中提到的具体措施和任务。

近几年来，有关金融业法治建设的政策文件和司法解释不断在出台。我举两个比较重要的例子。第一个例子是中共中央办公厅、国务院办公厅于2021年印发了《关于依法从严打击证券违法活动的意见》。通过这份文件的标题我们就能了解到，国家要依法从严打击证券市场的违法活动。这份文件是中共中央办公厅、国务院办公厅首次联合发布的有关打击证券违法活动的文件。在这份文件中，打击证券违法活动的主要任务包括以下四个方面：一是完善顶层设计，通过统筹协调形成打击证券违法活动的新格局；二是建架构、立制度，为全面深化资本市场改革提供有力支撑；三是推动体制机制创新，打造具有中国特色的证券执法司法体系；四是以大案、要案为抓手，加大重大证券违法犯罪案件惩治力度和重点领域执法力度。

第二个例子是《最高人民法院关于审理证券市场虚假陈述侵权民事赔偿案件的若干规定》（以下简称《若干规定》）自2022年1月22日起施行。2003年发布的《最高人民法院关于审理证券市场因虚假陈述引发的民事赔偿案件的若干规定》被废止。新发布的《若干规定》包含8个部分，共有35条。我们来看看新发布的《若干规定》出现了哪些显著的变化。新发布的《若干规定》的第二条指出："人民法院不得仅以虚假陈述未经监管部门行政处罚或者人民法院生效刑事判决的认定为由裁定不予受理。"过去，人民法院在受理相关民事赔偿案件之前，证监会或其他相关部门通常需要先根据案件的具体情况作出行政处罚决定，新发布的《若干规定》取消了这一前置要求。与此同时，新发布的《若干规定》进一步明确了控股股东、实际控制人、相关证券公司和证券服务机构所要承担的民事赔偿责任。此外，除了主要责任人，那些为违法行为提供协助或支持的外围人员也会受到相应的惩罚。这就体现了以最高人民法院为代表的司法机关"追首恶"与"打帮凶"并举的决心。总的来说，无论是前端注册制的推行，还是中端的持续监管，抑或是执法端的日益严格，目标都是在规范运作中谋求中国资本市场的发展，在明责的基础上实现善治，促进各类市场主体健康成长，更好地保护投资者的利益。

  在这场讲座中，我与大家共同探讨了有关注册制改革及中国资本市场法治建设的相关内容，很高兴能够在风景如画的滴水湖畔与各位分享我的观点，希望这次交流能够帮助大家更深入地理解这一改革的情况和意义。敬请批评指正，谢谢！

湖畔论道

提问者：

郭教授您好！我国目前的资本市场以散户为主导。近年来，我注意到国家推出了一系列改革措施，出台了一系列政策文件，比如您所提到的注册制改革和新"国九条"。与国外的资本市场相比，我国的资本市场发展时间较短。在以散户为主导的背景下，您觉得我国的资本市场是否有可能通过制度建设和政策引导，逐步转变为以价值投资为主导的市场呢？

郭雳：

谢谢您的提问。我国的资本市场是否有可能转变为以价值投资为主导的市场呢？我觉得答案是肯定的。目前，我们不能够完全将问题交给后端解决，也就是在纠纷发生后把问题都甩给法院去解决。为什么呢？因为我国的散户数量大约是 2.2 亿户，散户的占比非常高，但是他们的抗风险能力比较弱，相关经验也比较少。如果股市出现异常波动，对他们的冲击、对整个社会的冲击都会比较大。此外，司法系统也没有足够的能力去处理这类案件。

随着机构投资者的占比不断提高，相关风险和顾虑就会随之减少。实际上，美国的资本市场也曾经历过以散户为主导的阶段，但随着市场的发展，美国资本市场的散户逐渐变少了，机构投资者逐渐增多了，散户都把钱放到机构投资者那里进行投资了。当然，美国资本市场现在也还存在一些散户，美国股市出现的"散户暴动"就引发了不少人的关注。不过从总体上看，美国资本市场现在还是以机构投资者为主导的。

我们可以梳理并分析美国资本市场投资者结构的演变过程，并从中汲取经验和教训，避免出现某些过去在美国资本市场中出现过的问题。我们国家的相关部门可以适当地引导、教育个人投资者，而不是被动地任由市场"消灭"散户。相关部门有必要鼓励更多的机构投资者进入资本市场，积极推动基金业的发展。

为什么许多投资者现在不愿意将资金交给基金管理公司，而是选择自己去投资呢？这可能与基金的表现不够令人满意有关，基金的表现让投资者对基金投资产生了疑虑。改变这种局面需要各方共同努力。上市企业应当具有稳定性和良好的获利能力，基金管理公司应展现其专业性。基金从业人员应当有职业操守，承担起资产管理受托责任。在转变的过程中，我们要学习西方信托制度的优点。

从目前的情况来看，养老金入市是值得我们关注的一大趋势。相信一些朋友对美国的"401K计划"有所了解。该计划要求企业员工将一部分收入投入资本市场中的特定账户，为未来的养老做准备。这不仅有助于个人的养老规划，也为资本市场提供了大量长期、稳定的资金。同时，人们也是愿意把自己的钱交给专业的机构管理的。相信借助多方面的改革和努力，中国的资本市场会逐渐向以机构投资者为主导的成熟阶段迈进。

提问者：

郭教授好，我想提出的问题和法律有关。有很多投资者觉得相关部门对证券违法行为的处罚力度相对较轻，我想了解您对这个问题的看法。相关部门能否采取更加有效的手段来防范和打击证券违法行为呢？未来我国可以通过修订相关的法律法规来解决这个问题吗？

郭雳：

这个问题非常重要。加大对证券违法行为的处罚力度，特别是加大对财务造假行为的处罚力度，是投资者共同的期待。实际上，无论是2024年出台的新"国九条"，还是2021年中共中央办公厅、国务院办公厅印发的《关于依法从严打击证券违法活动的意见》，均体现出这一趋势。从法律的层面来看，处罚力度的设定涉及多个方面。自2020年3月1日起施行的修订后的《证券法》已经大幅提高了行政处罚的罚款金额，并且相关部门对上市企业财务造假行为的监管也日趋严格。证监会近年来对证券违法行为的处罚力度明显加大了。过去，如果一家上市企业出现了证券违法行为，证监会通常会选择较低的处罚倍数；而从目前的情况来看，顶格罚款的情况越来越常见，这体现了证监会打击证券违法行为的坚定态度。

除此之外，针对证券违法行为的刑事制裁也在不断强化。《中华人民共和国刑法修正案（十二）》自2024年3月1日起施行。这次修正大幅提高了欺诈发行、信息披露造假、提供虚假证明文件、操纵市场等违法行为的刑事惩戒力度。据悉，最高人民法院、最高人民检察院、公安部、证监会将针对证券期货违法犯罪案件的处理出台新的政策文件。

在民事责任方面，近年来，我国也一直在探索中国特色证券集体诉讼制度。法律规定，投资者保护机构受50名以上投资者委托，可以作为代表人参加诉讼。随着原告团体规模的不断扩大，违法企业所要赔偿的金额将是巨大的。机制的创新有助于遏制资本市场中令人深恶痛绝的欺诈发行、财务造假等现象的出现，震慑其他有类似企图的企业或个人。

除了上市企业的"董监高"、控股股东、实际控制人外，我们还要关注那些与证券市场联系紧密的机构，如证券公司、会计师事务所、资产评估机构及律师事务所等。这些机构在证券市场中扮演着"看门人"的角色。自2020年3月1日起施行的修订后的《证券法》明确规定了这些机构在相关情况下的连带责任，《最高人民法院关于审理证券市场虚假陈述侵权民事赔偿案件的若干规定》对相关内容进行了进一步的细化，相关法律法规的出台有助于遏制证券违法行为的出现。总之，想要实现证券行业的高质量发展，打造良好的市场环境，各主体都需要持续努力。

相关部门需要对证券违法行为进行全链条打击、全方位追责，借助协同效应来激浊扬清。这会是一个长期的过程。

2024 年 5 月 10 日

（根据讲座录音整理，已经本人审阅）

第十讲
从察举到科举
——中国古代选官制进化一瞥

阎步克

嘉宾小传

阎步克，北京大学历史学系教授、北京大学博雅讲席教授、北京大学文科一级教授。1978年10月考入北京大学历史系，1988年获得博士学位，毕业后在北京大学中国古代史研究中心任教。主要教学科研方向为魏晋南北朝史、古代政治制度史和政治文化史。1993年任教授，2005年被聘为教育部长江学者特聘教授，2007年获得第三届高等学校教学名师奖。阎步克教授是首位北京大学教学成就奖获得者。其主要著作有《察举制度变迁史稿》《士大夫政治演生史稿》《品位与职位：秦汉魏晋南北朝官阶制度研究》《波峰与波谷：秦汉魏晋南北朝的政治文明》《从爵本位到官本位：秦汉官僚品位结构研究》《服周之冕：〈周礼〉六冕礼制的兴衰变异》《中国古代官阶制度引论》《酒之爵与人之爵：东周礼书所见酒器等级礼制初探》《席位爵与品位爵：东周礼书所见饮酒席次与爵制演生研究》《中国古代政治制度史札记》等，发表论文百余篇。

赠言寄语

寄语临港人：
巧夺天工的工程师
慎思明辨的思考者
孜孜不倦的读书人

阎步克

我很高兴能够在北大滴水湖大讲堂与大家共同探讨"从察举到科举——中国古代选官制进化一瞥"这个主题。

中国古代社会的重要特征之一就是集权官僚制的早熟。实际上，秦汉政府的规模已相当可观。据统计，在西汉末年，全国记录在籍的人口约有5959万人；正编的行政官吏数量可达12万至15万，这一数量是同时期罗马帝国官员数量的20倍。在19世纪80年代，美国约有6000万人口，约有13万名公务员，这两项数据与西汉末年的人口数及行政官吏的数量相近。

官吏的选拔是王朝的重大行政事务之一。自周朝以来，中国古代选官制经历了不小的变化。变化的原因何在呢？简单来说，原因有二。其一是制度的自然进化。事物的发展都遵循着进化的规律，即由粗至精、由简单到复杂，制度也不例外。其二是政治体制的变化。如果政治体制发生了变化，选官制也会随之变化。

那么，历代的政治体制经历了怎样的变迁呢？在周代，朝廷中存在着若干位大贵族，他们凭借自身高贵的血统和家族长期以来积累的权势把持着政权。这种政治体制就是贵族政治体制。

战国秦汉时期发生了一个天翻地覆的变化，那就是社会由小型简单社会演变为大型复杂社会。经过战国时期的变法改革，一个以中央集权制度为主要特征的官僚帝国矗立在了神州大地上。中央集权制度有三大特点——皇帝专制、中央集权、实行官僚政治体制。官僚政治体制的实行能使政府像机器一样高效地运转。此时，官员的选拔遵循的是择优录用、重视人才和功绩至上的原则，用古语来说就是"选贤任能"。由此可见，官僚政治体制与以血缘世袭为特征的贵族政治体制大不相同。在战国秦汉时期，部分行政事务由文法吏承担，文法吏又被称为"刀笔吏"。文法吏是职业文官，在文书、财务等方面受过严格的训练，秦始皇就是用文法吏来治天下的。汉武帝尊崇儒术，儒生得以进入朝廷。无论是文法吏还是儒生，他们都是凭借自身的专业知识和能力被选拔和任用的。总而言之，在战国秦汉时期，古代中国进入了官僚政治时代。

到了三国时期，又发生了一个较大的变化，门阀势力开始崛起，众多大士族依靠家族门第把持着政权。这种政治局面与周代实行贵族政治体制时期的政治局面具有一定的相似性。在我所撰写的《波峰与波谷：秦汉魏晋南北朝的政治文明》一书中，我提出了一个论断：从一定程度上说，魏晋南北朝时期的士族政治就是周代贵族政治的一次历史回潮。在当时，北方的大士族有崔氏、卢氏、李氏、郑氏等，江东地区的大士族有朱氏、张氏、顾氏、陆氏等；在东晋和南朝，最为显赫的就是王氏和谢氏了。王导对东晋政权的建立起到了举足轻重的作用。书法大师王羲之、王献之父子也出身于显赫的王氏家族。谢安出身于陈郡谢氏家族，其在淝水之战中扮演了至关重要的角色；作为宰相的谢安统筹全局，谢家子弟谢石、谢玄率领北府兵抗敌，晋军最终取得了淝水之战的重大胜利。在"五胡乱华"之际，王氏和谢氏两大家族在文化的传承方面做出了杰出的贡献，因此成为备受尊崇的名门。古典诗文中也经常出现有关"王谢"的典故，如"旧时王谢堂前燕，飞入寻常百姓家"。

进入隋唐时期，门阀势力逐渐衰落了，主要原因之一是科举制创立后门第在考卷面前不起作用了，这就给出身寒门的知识分子提供了进身之阶。就像"旧时王谢堂前燕，飞入寻常百姓家"所描述的那样，科举考生、新科进士作为新兴政治力量登上政治舞台，并随即展现出了强劲的竞争力，他们在官场中崭露头角，并占据了越来越多的高级官位。随着科举制的实行，官僚政治体制焕发出了新的活力。

大致说来，历代政治体制的变革可被划分为四个阶段。周代实行的是贵族政治体制，战国秦汉时期实行的是官僚政治体制，魏晋南北朝时期实行的是士族政治体制，唐宋明清时期实行的依旧是官僚政治体制。历代的选官制是随着政治体制的变化而不断变化的。周代实行的是贵族政治体制，选官时采用的便是世卿世禄制。战国秦汉时期实行的是官僚政治体制，选官制随之而变，察举制呱呱落地。在唐代，察举制演变为科举制。在选官制不断变迁的这2000多年的历史中，察举制占据了约700年的时间，科举制占据了约1300年的时间。

在官本位社会，只要有了官职，权力、财富和荣耀便随之而来。于是，官僚们就会提出一项政治诉求——把官职传给子孙。为保证大臣效忠于自己，皇帝会满足他们的要求，给他们一定的任官特权。这在秦汉时期实行的任子制、魏晋南北朝时期实行的九品中正制、唐宋明清时期实行的门荫制和恩荫制中都有所体现。

一、贵族政治的世卿世禄

周代是贵族政治时代，选官采用的是世卿、世禄、世官之法。

什么是"世卿"呢？卿就是执政大臣。在天子与列国的朝廷中，有一群身份显赫的大贵族，他们被任命为公卿或执政大臣。周代实行的是世袭制，这些大贵族的官位通常由嫡长子继承，这种制度被称为世卿制。

在春秋时期，鲁国有"三桓"，即季孙氏、叔孙氏、孟孙氏。郑国有"七穆"，即驷氏、罕氏、国氏、良氏、印氏、游氏、丰氏。晋国有著名的"六卿"，即范氏、智氏、中行氏、韩氏、赵氏、魏氏。韩、赵、魏这三家世卿后来把晋国瓜分了，这就是著名的"三家分晋"。有一种历史分期观点认为，"三家分晋"可被视为中国封建社会的开端。楚国的大贵族有昭氏、屈氏、景氏等。著名诗人屈原就出身于屈氏家族。齐国的大贵族有国氏、高氏、晏氏、田氏等。田氏后来竟然赶走了国君，篡夺了政权，由此"姜齐"变成"田齐"了。还有一种历史分期观点将"田氏代齐"视为中国封建社会的开端。

什么是"世禄"呢？嫡长子可以继承父位接着做卿。那么其他的孩子呢？他们各有各的爵位，各有各的禄位。

什么是"世官"呢？这里所说的"官"特指行政官职。在历史早期，很多行政官职往往固定由某个家族把持，尤其是那些对专业知识和技术要求较高的官职，也就是说，某个家族的子孙可以世代做某项官职。在历史早期，专业知识和技术是稀缺资源，某些专业知识和技术在家族内世代传承了下来，因而某一家族的子孙世代做某项官职是有一定的合理性的。在古代，占卜就是一门专业技术，负责占卜的官职往往就是世官，父死子继。史官也是一项对个人专业要求很高的官职，因为史官要起草文书、保存文档、记载历史、编制历法，所以史官往往也是世官。史学家司马迁所在家族的成员就曾世代做史官，史学就是他们家族的家学。图10-1是西周中期的史墙盘。史墙盘上的铭文透露了一个历史信息——自周武王时期起，微氏家族中的家族成员连续七代做史官。这就是一个世官制的实例。实际上，我们常常能通过铜器上的铭文看到周天子让某人担任其父祖曾经担任过的官职。

图10-1 史墙盘

在历史早期，世官制的实行是很普遍的。某个家族如果世世代代担任某项官职，索性就将这个官名作为家族姓氏了。正所谓"以官为氏"，官职的名称是中国人姓氏的重要来源之一。例如，世代负责占卜的家族以"卜"为氏，世代做史官的家族以"史"为氏，乐师家族以"师"为氏，巫师家族以"巫"为氏，祭官家族以"祝"为氏，掌管典籍的家族以"籍"为氏。

在战国时期，官僚政治的发展突飞猛进，举贤的呼声高涨了起来。孔子、孟子都主张举贤。墨子认为，无论是农民还是工匠，只要有才能就可以任官。这种思想在贵族时代是很难出现的。战国时期的士人常常对历史故事进行夸张的改编，很多有关举贤的佳话在社会上流传。图10-2是畎莘古地碑，事涉伊尹。据说伊尹最初只是一名普通农民，曾经耕作于"莘"这个地方。河南栾川人认为栾川县就是"莘"这个地方，便在道光年间制作此碑，以纪念伊尹。伊尹后来还被中国餐饮界尊为食神、厨神。

图10-2 位于河南省洛阳市栾川县的畎莘古地碑

二、以选贤任能为特征的察举制

在战国秦汉时期，官僚体制发展迅速，"以功迁""征辟""察举"等新式选官方式纷纷问世。

"以功迁"就是依据功劳大小分配官职，这种选官方式与贵族时代采用的世卿世禄制判然不同。《东海郡下辖长吏名籍》木牍

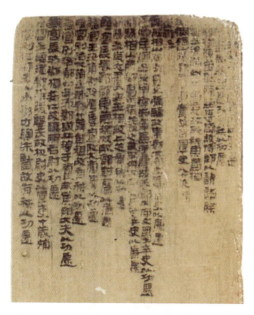

图 10-3 《东海郡下辖长吏名籍》木牍局部

（见图 10-3）出土于连云港市东海县温泉镇尹湾村，上面记载着东海郡地方官吏的任官信息，其中也包括任职缘由。据统计，其中"以功迁"者的占比为 61.7%。由此可见，依据"功"和"劳"分配官职在汉代是较为常见的。"功"是指一次性的功绩，分为大、中、小三等。"劳"是指日常勤务，若官吏日常工作表现优秀，朝廷就以年、月、日为计量单位给予奖赏。汉简中的"中功五，劳三月""功一，劳二岁月十日"等表述就是对当时官吏所立下的功劳的具体记录。

"征辟"涉及皇帝特征与长官辟除两个方面。皇帝特征是面向名士的，有时皇帝还会派专车进行迎接。同时，丞相、列卿、郡守、县令等官员都有权力任命其下属，这就是辟除。

察举制与后代实行的科举制一脉相承，因此我在这里需要对其进行较为详细的介绍。汉武帝于元光元年（公元前 134 年）发布诏书："初令郡国举孝廉各一人。"汉武帝要求各郡国的郡守、国相以"孝"或"廉"为科目推举一位贤才。史学家劳干认为，元光元年是中国学术史和政治史上最可纪念的一年。为何他会给出如此高的评价呢？从学术史的角度来看，举孝廉使大量儒生进入朝廷，从而推动了儒学的繁荣发展；从政治史的角度来看，实行了约 1300 年的科举制是由察举制演变而来的，因此察举制的创立之年具有特殊的意义。到了东汉，察举制得到了进一步的发展，不少公卿大臣是由孝廉出身的，或是由其他察举科目出身的。和林格尔东汉壁画墓中的一幅壁画（见图 10-4）就描绘了"举孝廉时"的场景。

第十讲 从察举到科举——中国古代选官制进化一瞥

图 10-4 和林格尔东汉壁画墓中的一幅壁画

在汉代，察举方式大致可分为两类——"特科"和"岁科"。"特科"是指随机的、不定期的察举。皇帝若觉得朝廷缺少某种人才，就会定下科目之名，让大臣和地方长官推荐合适的人，"贤良方正"就是"特科"之一。设立"特科"是为了选拔有专业才能的人。太学缺了老师，皇帝就可能下诏举明经；廷尉府或郡县缺了法官，皇帝就可能下诏举明法；若黄河决口、洪水泛滥，皇帝就可能下诏察举"能治河者"；若边防线上狼烟四起、匈奴来犯，皇帝就可能下诏察举"勇猛知兵法者""高第良将"。我们可以由此观察到汉代察举制的一个显著特点——分科取人、专才专用，这种制度设计有利于对专业人才的选拔。"岁科"是每年年底固定举行的察举，最重要的"岁科"是郡太守举孝廉和州刺史举秀才。

汉武帝把天下划分为13个州部，设刺史负责监察；到了西汉后期，刺史还负责岁举秀才。秀才数量少、荣誉高，通常直接被任命为县令、县长。在汉代，万户以上的县是大县，大县的长官被称作县令，万户以下的县是小县，小县的长官被称作县长。东汉开国皇帝名为刘秀，为了避讳，"秀

253

才"就改称为"茂才"。

有学者估计，东汉时期郡太守每年所举孝廉人数约为200人。按照规定，孝廉应进入郎署做郎中。郎中是皇帝的侍卫，相当于为皇帝看家护院的私人保镖，需要拿着兵器值勤站岗。为什么孝廉要先做郎中呢？在历史早期，贵族、大臣的子弟有优先做官的权利，但他们不能一步到位，需要分两步走。第一步，他们需要先在朝廷担任侍从、侍卫，为朝廷服务若干年，这也算是一种培训；第二步，表现优秀的侍从、侍卫有机会获得国家的正式行政官职。

在过去，郎中本应由贵族、大臣的子弟担任，实行察举制后，民间贤才也可以做郎中了，这就体现了选官制的进步。孝廉在担任若干年的郎中后就有机会被选拔为县令、县长了。总而言之，"举孝廉—做郎中—担任县令、县长"这一路径是汉代最为典型的仕途之一。以东汉《曹全碑》碑文为例，我们能在其中看到"举孝廉""除郎中""拜酒泉禄福长"三个环节。汉代的年轻人很向往做郎中，做了郎中就意味着踏上了人生的金光大道。汉代乐府诗中就有"兄弟四五人，皆为侍中郎"的说法。在汉魏之时，"郎"逐渐变成了青年男子的美称。周瑜又称"周郎"，孙策又称"孙郎"。"郎"作为青年男子的指称被沿用至今。下面我将以科举制为参照，分析汉代察举制的若干基本特点。

简单来说，科举制是一种考试制度，而察举制是一种推荐制度。在实行察举制的过程中，州郡长官及大臣担任举主，依科目举荐人才。一个郡通常有十几万人甚至几十万人，举主可以依据个人的考量决定推举谁。若政治清明，察举制就能正常运作；若政治腐败，举主就有相当大的徇私舞弊的空间，因为举主可以在举状（推荐书）上把一个无能之辈夸得天花乱坠。科举制就不一样了，即便举主在举状上把一个人夸得天花乱坠，一张考卷就能让被举者原形毕露。科举制的精密程度和复杂程度远远超过察举制。因此，从选拔人才的角度来看，察举制不如科举制客观。然而，经验又告诉我们，学历高、会考试的人未必有很强的工作能力。若政治清明且举主能秉公推荐，那么与根据学历和考试成绩选拔人才相比，通过举主的个人观察选拔人才可能是一种更为可靠的人才选拔方式。在现代社会，考试、推荐在人才选拔中并行不悖。每到毕业季，大学老师就得给毕业生写求职推荐书。一个人如果想在大学任教，至少需要拿到两份教授推荐书。

察举制的特点之一是"分科取人"。就像前面所提到的那样，缺了老师就举明经，缺了法官就举明法。然而，在实行科举制时，天下士人只考进士一科。有一个重要的问题值得我们深思：为什么在这 2000 多年的历史中，早期偏重"分科取人"，到了后期却放弃了"分科取人"之法，天下士人只考一科了呢？

察举制的另一特点是"以德取人"，也就是说，其对个人德行的要求相对较高。"贤良方正"等科都是以德行来命名的，"孝廉"就更不用说了。这些科目的设置充分体现了儒家"以德治国""以孝治天下"的政治理想。儒家的观点认为，一个由道德高尚的君子组成的社会才是美好的社会，所以选官不能只看个人的能力，还要看个人的德行，因为官员还承担着一项使命——为民众做道德上的表率。在各种德行之中，"孝"被视为最崇高的一种，正所谓"百行孝为先"。"孝于亲者必忠于君"，因此，皇帝就应当"求忠臣于孝子之门"。这种思想推动了"孝廉"这个选官科目的出现。实际上，几乎没有西方国家把孝敬父母视为担任公职的首要条件。

上有所好，下必甚焉。由于朝廷将"孝"作为选官的标准，汉代便成了一个孝子辈出的时代。很多人希望通过标榜孝行弄到一官半职。在东汉时期，有个人叫赵宣，父母下葬后，赵宣没有将墓道封上，他和妻子住在墓道里守孝，一住就是 20 多年，由此孝名大振，州郡长官多次请其做官。后来，一位名叫陈蕃的太守很反感这种夸张、反常的做法，以"诳时惑众，诬污鬼神"为名治了赵宣之罪。

以"孝廉"这个科目选拔官员可能会使不少人感到疑惑。难道汉帝国是由一群孝子来治理的吗？孝敬父母和承担公职毕竟不是一回事。实际上，汉代所实行的察举制也注重对个人行政能力的考察。在东汉时期，光武帝对察举制进行了改革，实行"授试以职"之法，即州郡长官在推举候选人之前必须先试用其一段时间，证明其的确有能力后才能将其推举至中央。"授试以职"之法强调的是对个人能力的考察，也就是"以能取人"，这就与"以德取人"大不相同了。

到了东汉后期，针对孝廉科的考试出现了，具体办法是"诸生试家法，文吏课笺奏"。如果考生是儒生出身，考试内容就是儒家经典；如果考生是文吏出身，考试内容就是公文写作。这种通过开展考查专业文化知识的书面考试选拔官员的方式被称为"以文取人"。由此可见，察举制在向科举制演变的道路上迈出了很大的一步。

历史早期的察举制体现了多种选官倾向，其中既包含了"以德取人"的因素，也包含了"以能取人""以文取人"等因素。从结果上看，"以文取人"占据了主导地位，科举考试成为选拔人才的主要途径。在察举制向科举制演变的过程中，大致存在着四个互相重叠的进化阶段（见图10-5）。

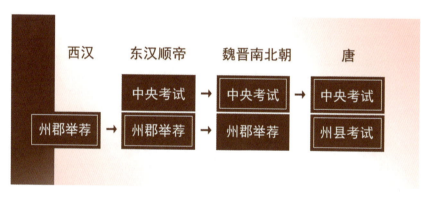

图10-5　从察举制到科举制的演变

在最初实行察举制时，州郡长官举荐是主要环节，如果州郡长官将某人推举至中央，这个人就可以做官。在东汉顺帝阳嘉年间，孝廉考试之法出现了，情况发生了变化。此时，察举包括两个环节，即州郡举荐和中央考试。被州郡长官举荐并不能保证一个人能够做官，一个人如果没能通过考试，就得打道回府。在东汉顺帝时期，考试的规格相当之高。

第一轮考试由宰相、三公负责，第二轮考试由尚书台负责。在东汉时期，每年举孝廉约 200 人，两轮考试结束后，过关的只有约 30 人。这给当时的官场带来了较大的震动，东汉后期的选官腐败现象一度有所转变。在东汉顺帝时期实行的包含两个环节的孝廉考试之法是察举制向科举制进化时呈现出的一种过渡形态。到了魏晋初期，针对秀才科的考试也出现了。在魏晋南北朝时期，中央考试的分量越来越重，州郡长官举荐的分量越来越轻。州郡长官的举荐权力逐渐转变为行政责任，他们的职责之一就是搜罗考生并将考生送至朝廷参加考试。

在北朝后期，有些州郡长官非常认真，他们觉得如果本州、本郡推举的考生铩羽而归，全州或全郡都没有面子，好像本州、本郡没有人才似的。为保证推举的考生的质量，有的长官就采用了一个办法——希望代表州郡到朝廷参加考试的考生需要先接受一轮考试。这样一来，州郡长官就能够检验考生是否有真才实学。于是，一个新的制度萌芽了。大家都知道，科举考试包含乡试一级，而乡试就是从北朝后期州郡长官先组织一场考试的做法发展而来的。到了唐朝，皇帝觉得地方考试这种考试形式不错，便将其推广到各个州县。考生既要在中央接受考试，也要在州县接受考试，一级考试就变成了二级考试，科举时代便到来了。我的《察举制度变迁史稿》一书就详细阐述了从汉代察举制到唐代科举制的演变历程。

三、以公平竞争为特征的科举制

有人认为科举制创始于隋朝，实际上，隋朝已出现进士科了。在此后的 1300 多年里，进士考试一直是科举选官的核心环节。科举制是由察举制演变而来的，于是我想到了这样一个问题：察举制在演变的过程中出现了哪些变化，以致人们认为察举制已变成科举制了呢？

我们可以依据是否设有分科考试区分察举制与科举制吗？显然不能，因为分科考试在汉代就出现了。那我们可以依据什么来区分二者呢？刚才我们已经提到了，察举制是一种推荐制度，而科举制是一种考试制度。在实行察举制时，州郡长官需要推荐考生，中央举行的考试是等额考试，所有的被举者如果都符合要求，就都能被录取。在科举时代，考生可以自由报名，考生数量可达录取名额的几十倍或几百倍。因此，是由州郡长官推荐还是考生自由报名可以被视为区分察举制与科举制的依据。在较早的时候，邓嗣禹就把"投牒自进"视为科举制出现的标志之一。唐武德五年（622年），"苟有才艺，无嫌自进"的选官办法开始推行。一个人如果认为自己能够胜任某个官职，就可以主动报名参加考试，不需要被动等待长官的推荐，参加考试的考生需要向官方提交一份"牒"（类似于申请书、报名表），这就是"投牒自进"。简单来说，科举制的特点就是中央设科招考、士人自由投考，武德五年实行的"投牒自进"就可被视为质变开始的起点，我们也可以据此将察举制与科举制区分开来。

图10-6展示的是唐代科举考试的流程。从图10-6的左侧来看，唐代的科举考生可被分为乡贡、生徒两大类。乡贡是指自学投考者或"投牒自进"者，他们在通过了州县举行的考试之后就可以前往首都参加省试了。生徒是指学校里的学生，他们在通过了学校举行的考试之后也可以前往首都参加省试。在南北朝时期，皇帝就经常让学校里的学生直接参加考试。到了唐代，官学中的学生群体逐渐成为考生的重要来源之一。我们能由此看到古代选官的一大发展趋势——学校教育与朝廷的考试、官员的录用逐渐融合并趋于一体化了。

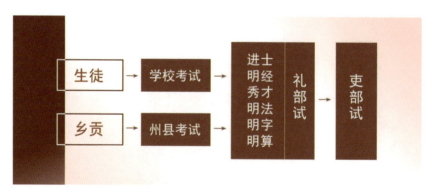

图10-6　唐代科举考试的流程

第十讲 从察举到科举——中国古代选官制进化一瞥

尚书省礼部主持的省试设有若干科目，如进士科、明经科、秀才科、明法科、明字科、明算科等，考生可根据自身情况来选择。进士科着重考查文学才能；明经科着重考查经学才能；秀才科在汉代时就有了，由于其录取名额少、对考生要求高，考生望而生畏、不敢报名，后来该科目就被取消了。此外，明法科主要考法律，明字科主要考书法，明算科主要考数学。这几个科目具有较强的专业性和实用性。

汉代察举制的特点之一是"分科取人"，而到了明清时期，参加科举考试的考生只需要考一科。唐代最初实行的科举制继承了汉代的"分科取人"之法，科举考试同时设有多个科目。研究发现，在唐代，如果不计制举，约有16种科目；如果加上制举，有多达百余种科目。在唐穆宗时期，一届考试曾设有14种科目。不过，在唐代后期，进士科有了"一枝独秀"之势。到了宋代，诸科向进士一科集中的趋势就更为明显了。在宋代，参加进士科考试的考生需要参加殿试，参加其他科目考试的考生不需要参加殿试。由此可见，进士科在宋代进一步"力压群芳"了。在实行殿试后，黜落之法在不久后就被取消了，参试者一律被录取，以显示皇恩浩荡。后来，科举考试从一年一试改为三年一试。

到了明清，科举考试实现了诸科向进士一科的集中。这一变化有何重要意义呢？一方面，天下士子只考进士一科有助于制度的简化。另一方面，历史早期实行的察举制强调"分科取人"，便于专业人才的选拔；而历史后期实行的科举制更有助于促进社会流动、保障社会公正。

一些社会是缺乏流动性的，贵族身份世代不变，奴隶身份也世代不变。一些社会的流动性较强，来自社会底层的人也有向上流动的机会；这种社会甚至为人们构建了一条制度化的通道，使"知识改变命运"成为可能，科举制就是一个例子。一个来自社会底层的孩子若勤奋苦读、成绩优异，就有机会实现阶层的跃升。对于一个社会而言，有流动就会有竞争，有竞争就有活力，统治集团也得以吐故纳新；这种新陈代谢能够使统治集团不断吸收新鲜血液，为社会注入活力。

自宋代以来，经济的繁荣发展促进了文教事业的繁荣发展，印刷术的应用大大推动了知识的普及，学生的数量不断增加。宋代有将近20万名学生，明代至少有50万名学生；到了清代，学生的数量激增，一个规模庞大的"百万大军"形成了。众多学子都希望通过科举考试改变命运，但科举考试是非常残酷的。研究表明，清代的生员录取率约为1.6%～3.3%，举人的录取率约为0.9%～3.3%，进士的录取率约为3%。由此看来，大部分参加科举考试的考生都会落选。始于公元7世纪的科举制大大提高了中国人对社会公平的期望值，历史后期实行的科举制像是一场促进社会阶层流动的游戏，科举考试已变成了一种智力竞赛，一些人甚至将科举考试视作一种赌博。只要大家遵守同一套游戏规则，在同一条起跑线上起跑，人们认为科举考试是公平的，实行科举制的目的就达到了。此时，选拔专业人才的意义并不大，"分科取人"也没什么必要了。赘言之，偏重"分科取人"的察举之所以发展为只考一科的科举考试，是因为公平原则压倒了专业原则。

在唐代，生徒是考生的主要来源之一，这体现了学校教育与科举考试的结合。在北宋后期，学校内部的考试还曾一度取代科举考试。后来，学校考试并未取代科举考试，二者之间实现了紧密的衔接与融合。明清时期，只有生徒才能参加科举考试，任何人想要参加科举考试，就必须先在官学读书。这样一来，学校教育与科举考试就实现"无缝对接"了。

图10-7展示的是明清时期科举考试的流程。我们可以通过图片看到，考试流程骤然变得复杂化了。实际上，这是由入学考试、学校内部考试与传统的三级科举考试的一体化造成的。明清时期的科举考试可被分为两大阶段。在第一阶段，考生需要参加获得生员资格的考试及在校考试，包括县试、府试、院试、岁试、科试等；在第二阶段，考生要参加正式的科举考试，即选拔举人、进士的考试，包括乡试、会试、殿试、朝考等。

第十讲　从察举到科举——中国古代选官制进化一瞥

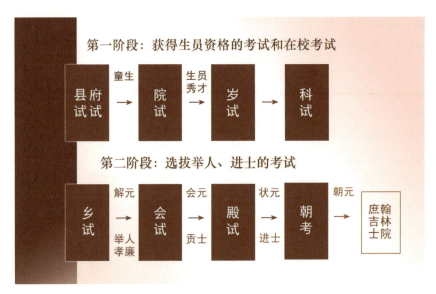

图10-7　明清时期科举考试的流程

鲁迅的小说《孔乙己》中的孔乙己"连半个秀才也捞不到",这里提到的"秀才"是生员、官学学生的俗称;由此可知,孔乙己只是个老童生,始终没能通过院试并成为生员。生员入学后要在学校读书并参加考试。在科举考试来临前,考生还要参加一场科试,由此获得参加科举考试的资格,进入第二阶段。

进入第二阶段后,考生需要先参加乡试,乡试通常在8月举行,所以又被称为"秋闱""秋试"。通过乡试的考生就能获得"举人"的称号,举人的俗称是"孝廉"。举人需要在次年的2月或3月到首都参加会试,会试又被称为"春闱""礼闱"。有幸通过会试的考生就能获得"贡士"的称号。贡士并不属于学位中的一级,因为贡士在几十天后就要参加殿试了。在参加完殿试后,没有人会落榜,但考生会被分成"三甲"。第一甲叫赐进士及第,只取前三名,俗称状元、榜眼、探花,合称"三鼎甲"。第二甲叫赐进士出身,第三甲叫赐同进士出身。

在清代,进士在被引见给皇帝前还需要参加一次朝考,在朝考中居于前列的进士得以进入翰林院做庶吉士。据统计,清朝约有四分之一的进士成了庶吉士。庶吉士需要在翰林院修习数年，通过散馆考试后可以在翰林院获得编修、检讨等职位。按明清时期的惯例，"非进士不入翰林，非翰林不入内阁"，拥有翰林资历者才能进入内阁做大学士。由于拥有庶吉士这一身份就意味着拥有特定的做官资格，因此庶吉士可以被视为一种学历等级，朝考也可以被视为科举考试中的一级。图10-8展示的是"翰林院庶吉士"的牌匾。

在清代，考生进入考场时需要持有一种特定的凭证，这种凭证被称为"浮票"。图10-9就是一张院试的浮票，其用途类似于如今的准考证。童生有文武之分，而这位"印鸿宝"是一名文童。考官可通过浮票上印有的"面形方""面色白""身中""无须"等描述体貌之词验明正身。浮票左侧还写有"其五官另有疵疾之处均要注明"的规定。

图10-8 "翰林院庶吉士"牌匾

图10-9 清代文童进入考场的凭证——浮票

图 10-10 和图 10-11 展示的是蔡元培的乡试试卷的封面和乡试试卷。

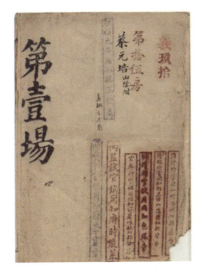

图 10-10　蔡元培的乡试试卷的封面

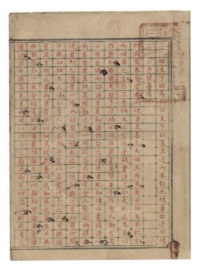

图 10-11　蔡元培的乡试试卷

图 10-12 展示的是江南贡院，它是江苏考区和安徽考区的乡试考场。江南贡院始建于南宋，此后经多次扩建，成了中国古代规模最大的科举考场，拥有号舍 20644 间。在江南贡院高中状元者多达 58 人，占清代状元总数的 52%，可见该考区拥有十分深厚的文化底蕴。

图 10-12　江南贡院

图 10-13 是清光绪三十年（1904 年）的殿试金榜，此榜的状元是刘春霖。刘春霖曾称自己为"第一人中最后人"，因为他是中国历史上的最后一位状元。

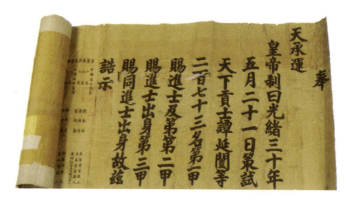

图 10-13　清光绪三十年的殿试金榜

希望以上内容能帮助大家更好地了解中国的传统选官制度。谢谢。

湖畔论道

提问者：

阎老师，您好！我以前上过您的课，也了解过察举制。我想问的问题是：从20世纪90年代到现在，相关的研究有没有新的进展呢？

阎步克：

从20世纪90年代至今，有关魏晋南北朝史的研究取得了新的进展，用寥寥数语是很难概括的。我认为主要的进展表现为方法论的新意迭出。例如，我的学生徐冲、孙正军等人致力于"文本分析"，这种新的研究方法给人耳目一新之感。他们认为史书并不等同于史实，史书也是作者为达到某种目的、用某种技巧、按某种模式编纂而成的。在研究《隐逸传》时，徐冲对描绘"进退以道""抗节忠贞""不营当世"等类型的人物的政治意图进行了分析。在研究《良吏传》时，孙正军对"盗贼止息""猛虎渡河""飞蝗出境"等塑造地方良吏形象的书写模式进行了概括。新发现的墓志碑文和简牍也为研究者提供了大量的史料，一系列可圈可点的优秀成果不断涌现。

提问者：

阎老师，我目前从事的是人力资源管理方面的工作。如今，很多的考试都包含面试。中国古代历史上存在过类似于面试的考试形式吗？谢谢阎老师。

阎步克：

此前我还没有注意过这个问题。我暂时能想到的是，古代品级较高的新任官员在上任前需要经历"引见"这一环节，皇帝需要亲自审查官员。雍正皇帝还特别规定，新任知县在上任之前必须接受皇帝的验看。不过，这和如今的面试不太一样。在清朝，还存在一种被称为"大挑"的选拔举人的方式，官员会依据外貌来选拔举人，这种选拔方式在某种程度上体现了以貌取人的倾向。

2024 年 6 月 11 日

（根据讲座录音整理，已经本人审阅）